運命論を哲学する

著
入不二基義
森岡正博

明石書店

装幀・北尾崇（HON DESIGN）
絵・内田かずひろ

現代哲学ラボ　全巻のためのまえがき

この「現代哲学ラボ」シリーズで、私たちは二つのことを行なうつもりだ。

ひとつは、過去の哲学者の思想への入門でもなく、いま欧米で流行っている哲学の輸入紹介でもなく、「哲学をいま本気でするとはこういうことなのだ」という入門を行なう。私たちは「哲学をする」という行為を最初から最後まで一貫する。このシリーズを通して入門できるのは「哲学をする」ことのみであり、したがって私たちはいかなる最終的な結論にも導かれないだろう。

もうひとつは、日本語をベースとして、オリジナリティのある哲学を作り上げる。私たちは自身の力で行けるところまで行き、考えが尽き果てるところまで考え続ける。その試みに終わりはなく、私たちはふたたびいかなる最終的な結論にも導かれずに終わるだろう。「日本語で哲学をする者たちよ、現われよ」と言われて久しいが、欧州大陸や英米の哲学を輸入紹介することをもって「哲学」と呼ぶ慣習はまだ続いている。私たちは、それらとは異なった道筋を開きたい。

本シリーズは、二〇一五年から二〇一六年にかけて東京で行なわれた「現代哲学ラボ」

の４回の討論会をもとにして作り上げられた。「現代哲学ラボ」は、森岡正博と雑誌『哲楽』編集人の田中さをりが世話人となって設立された連続討論会企画である。すなわち、第１回「運命論を哲学する：あるようにあり、なるようになるとは？」（入不二基義・森岡正博　二〇一五年一〇月九日）、第２回「永井均氏に聴く：哲学の賑やかさと密やかさ」（永井均・森岡正博　二〇一五年十二月十二日）、第３回「「生まれる」ことをめぐる哲学」（加藤秀一・森岡正博　二〇一六年七月八日）、第４回「〈私〉と〈今〉を哲学する：無内包の現実性とは？」（永井均・入不二基義・森岡正博　二〇一六年九月二十三日）である。

これらの討論内容は、哲楽編集部の編集で電子書籍として刊行された。『現代哲学ラボ』のシリーズ図書４巻としてAmazon.co.jpで購入することができる。この電子書籍に、著者たちが大幅に加筆をして議論をさらに展開したのが、今回刊行される書籍全４巻である。著者たちそれぞれの、その後の思索の深まりが凝縮されたものとなった。

私たちの試みを、「J－哲学」あるいは「J－フィロソフィー」と名づけてみても面白い。ちょうど「J－ポップ」や「J－文学」があるように、日本から自生的に出てきて国際的な潮流に寄与し得る哲学という意味で、これらの言葉を使うことができる。「日本哲学」と言わないのは、この言葉が、鎌倉新仏教から京都学派までの日本の哲学を研究対象とする学術を指して、すでに国内外の学界で使用されているからである。

「Ｊ－フィロソフィー」という言葉は、横山輝雄によって提唱されたものだ。横山は二〇〇七年に刊行された論文「生命の哲学と生物学の哲学：Ｊ－フィロソフィーの可能性」（『哲学の探究』第34号、41～51頁）で、次のように語っている。明治期に西洋から哲学が輸入され、日本では長らく西洋哲学研究が哲学と呼ばれてきた。しかし近年の国際化にともない、日本語で自前の哲学を行なう環境が生まれてきた。日本語による哲学の試み、すなわち「Ｊ－フィロソフィー」はすでに出現しているのである、と。読者はこれを聞いて、西田幾多郎が率いたかつての京都学派の哲学を思い浮かべるかもしれない。

しかし私たちの試みは、京都学派とは異なる新たな「Ｊ－哲学」「Ｊ－フィロソフィー」として形づくられる。私たちは西洋に対抗して東洋的な無を対置したりはしない。私たちが行なうのは、日本語をベースとした、オリジナルな世界哲学である。私たちの哲学は、世界の人々と呼応し、長い時間をかけて世界哲学の展開へと貢献していくことになるだろう。

二〇一九年一月十二日　編著者を代表して

森岡正博

第1巻のまえがき

『現代哲学ラボ』第1巻では、入不二基義と森岡正博が、「運命論」と「現実性」を徹底的に掘り下げる。新しい哲学の世界が切り開かれていくのを、読者は目撃することになるだろう。

第1章では、森岡が、入不二の運命論の哲学をできるかぎり分かりやすく解説する。この部分は本書の基礎に当たるので、ぜひじっくりと考えながら読んでいただきたい。

第2章は、現代哲学ラボの当日の様子を再現したものである。

第3章は、入不二が本書のために新たに書き下ろしたものである。当日の講演で語れなかったことや、森岡からの質問への答えなどを、ていねいに考察している。

第4章は、それを受けて森岡が新たに書き下ろしたものである。入不二の哲学を九鬼周造や分析的形而上学と比較し、そのうえで森岡自身の考え方を展開した。

第5章は、さらにそれを受けて入不二が新たに書き下ろしたものである。想像しなかったような論点がたくさん浮かび上がってきた。

読者の方々には、第2章のライブ感覚を楽しむとともに、第3章から第5章にかけての哲学的推進力をもぜひ味わっていただきたい。哲学の魅力はこういうところに宿っているのだと私たちは信じている。

あとがきは、田中さをりによって書かれた。

森岡正博　記

現代哲学ラボ・シリーズ 第1巻　運命論を哲学する ◎ もくじ

運命くん　　現実くん　　現在くん

あるくん　　なるくん　　未来ちゃん（五つ子）　　過去ちゃん

現代哲学ラボ・シリーズ　第1巻

運命論を哲学する

第Ⅰ部

この本で何が語られるのか

第1章
すべては運命なのか、そうではないのか？

森岡正博

1 「運命」は「必然」を意味するのではない

人が大きな失敗をしてしまったとき、その人は「ああ、こうなる運命だったのか！」と嘆く。しかし、「こうなる運命」とはいったい何を意味しているのだろうか。もしその人が成功したとしても、その人は「ああ、こうなる運命だったのか！」と言えるはずである。しかしふつうはそうは言わない。「運命」とは不思議な言葉である。

この「運命」について哲学的に考えていくと、そこからいろんなテーマが糸をほぐすように出てくる。「運命」は「必然」と結びついているし、また「自由」とも結びついている。人間は紀元前の昔から「運命」について考えてきた。古代ギリシアの悲劇作品の多くは、「運命」をめぐる物語として描かれている。ベートーヴェンの交響曲第5番は「運命」と呼ばれ、愛聴されてきた。日本文学の古典である平家物語もまた、「運命」をめぐる一大叙事詩である。

「運命」は「決定論」とも近い関係にある。この世の出来事はすべて神様があらかじめ決定しているのだというふうに考えるならば、それは運命論と近いものになるだろう。この世の出来事はすべて物質の因果関係によって決定されているのだという考え方もある。そのように考えると、人間には「自由」は存在しないことになり、人間が生きる意味はどこにもないのでは

運命

ないかという疑いも出てきそうだ。

これらのテーマは哲学において繰り返し考えられてきた。その思索の積み重ねの上で、さらに新しい哲学を打ち立てようとしたのが、入不二基義の『あるようにあり、なるようになる運命論の運命』（講談社、二〇一五年）だ。この本は、運命、必然と偶然、現実性、自由などについて独自の視点から考え尽くされた、現代日本哲学のひとつの到達点である。おそらく海外においてもこの本のような哲学的思索の深まりは行なわれていないと思われるので、これは日本語によってなされた世界哲学の貴重な果実だと言える。

「現代哲学ラボ」で行なわれた入不二の講義を、本書の第2章で紹介する。その内容をより良く理解するために、これから、入不二の運命論についての考え方をできるだけ分かりやすく述べていくことにしたい。入不二の講義は、先に挙げた本を参加者が読んできていることを前提としてなされた。世話人の田中さをりと私は、入不二に対して、聴衆のことはあまり気にせずにいま考えていることを思う存分語ってほしいとお願いしていた。第2章では、猛スピードで駈けぬける入不二の語りを読むことができる。まさに哲学者が本気で自分の思考を展開するとこういうふうになるという見本のような内容である。「哲学すること」への入門とはこういう形を取るのか、という感慨を覚える。読者にはぜひ第2章を読んでそれを味わっていただきたいのだが、そのためには、入不二が上記の本で主張した内容を予備知識として持っていることが必要だ。これから私が書くのは、私が理解したかぎりにおける入不二哲学の内容である。大きな誤解はしていないと思うが、入不二の考察は森岡の言葉によって置きかえられている。そのことを念頭に置いたうえで、以下を読んでいってほしい。

まず、「運命」というと何を思い浮かべるだろうか。自分のいままでの人生を振り返ってみれば、そこで起きてきたすべてのことはもう変更のしようがない。それらがそのようなものとして起きることが、すでに決定されていたのだというふうに見えてくる。そして未来を考えたときであっても、明日は晴れているか晴れてないかのどちらかなのであり、もし明日になって晴れていたとしたら、それは晴れる運命だったのだと言いたくなる。この世に起きる出来事や、私の人生に起きる出来事はすべてあらかじめ決まっていたのであり、すべての出来事は必然的に起きたのである、と。

「運命」をこのようにとらえれば、それは「必然」とよく似たものとなるだろう。「すべてはそうなる運命だったのだ」とは、「すべてはそうなることが必然だったのだ」に等しいというわけである。

ところが、実はそんなに単純なことではない。人生はそうなることが必然だったと見えるとしても、実は、その人生は無数の選択の積み重ねによって成立している。あのとき私が道を右に曲がっていたら、このようなことは起きなかっただろう。あのとき隕石が落ちてきて目の前の犯人を殺していたならば、このようなことにはならなかっただろう。それらは、他のようでもあり得た。私は右に曲がることもできたし、隕石が落ちてくることも論理的にはあり得た。そうならなかったのは、偶然にそうならなかっただけのことだ。このように考えてみれば、必然の積み重ねのように見えた人生も、実は、数限りない偶然が入りこんで出来上がっているというふうに見ることもできる。つまり人生は、ちょうど縦糸と横糸が絡まり合うように、「必然」と「偶然」が絡まり合ってできたものなのだ、と考えることもできる。すると「すべてはそうなる運命だったのだ」というふうには言えないようにも見える。ほんとうにそうだろうか？

あるいは、次のようなことを考えてみよう。

これまでの人生を振り返ってみれば、すでに起きてしまった出来事はもう変えようがない。過去から現在に至る道はすでに固定されてしまっている。起きてしまった出来事はもう変えようがないのだから、それは必然であると言ってもよいはずだ。しかしながら、未来についてはそうではない。私たちは未来を自分たちの手で作り上げていくことができる。右に曲がるか、左に曲がるかはまだ決定されていない。私たちが実際にどっちにするかを決定して、それを行動に移したときに、はじめてそれは決定されるのである。だから、まだそれを行動に移していない今の時点で、未来はけっして必然ではない。未来は可能性に満ちているのである。私たちは可能性に満ちた未来をこれから生きていくのであり、私たちには生きる意味があるのである。

このように、過去から現在までを必然とみなし、未来を可能性とみなすのは非常に分かりやすい説明である。ちょうど、現在とはブルドーザーのようなものであり、可能性であった未来を少しずつ押し固めて必然という名の過去へと押し出しているというイメージである。だとすると、ブルドーザーのように可能性を押しつぶして必然に変えながら前進する運動のことを、時間の流れと呼べばいいのだろうか。

「運命」という面から眺めれば、私たちの人生は、半分は「運命」であるけれども、あと半分は「運命」ではないことになる。荒野を歩む私の前には「運命」はない、歩む私の後に「運命」はできるということだ。「運命」を、過去－現在－未来という「時制」と切り離すことはできない。「運

命」の哲学は、「時間」の哲学でもあるのだ。

さらには次のようにも考えてみよう。

もし私が人生の終わりに、自分の人生を振り返ったとしたら、「人生に起きたすべての出来事は必然の連鎖として起き、今に至ったのだ」というふうに見えるのではないだろうか。すなわち、人生のすべては必然の連鎖であり、すべては「運命」だったというふうに感じられるのではないか。しかしこれには反論が出されるだろう。過去を振り返ればすべては「運命」であるかのように見えるかもしれないが、未来のほうを見てみればそこにあるのは可能性であり、私は未来を作り上げていくことができるはずだという反論である。もし私がまだ人生の途中を生きているのならば、たしかにそう言えるのかもしれない。しかしもし私が末期がん患者で、もう未来がほとんどない状態であったとするなら、私にとってはもう過去の人生しかないのだから、「すべてはこうなる運命だったのだ」と思っても仕方がないだろう。

考えてみれば、私たちはすべて死ぬのである。私たちの生は有限である。私たちの人生はいずれこの「末期の眼」（芥川龍之介、川端康成）に収斂するのであり、私たちが自分の人生を閉じるときには、すべては「運命」として迫って来るのではないか。人生に関する運命論として、これはかなり強力な主張だと考えられる。やはり最終的には「運命」が勝利するようにも思える。

ここまで、「運命」や「必然」や「偶然」や「可能性」についての一般的な考え方を紹介した。哲学では、「様相」の問題として議論されてきたものである。古くは古代ギリシアのアリストテレスにまで遡るもので、その後カントらを経て、現代の様相論理学に至っている。いま紹介したいくつかの考え方も、これまで哲学で様々に議論されてきたことの一部である。

2　運命は「現実」と関係している

ところで、ここからが本題であるが。入不二の運命論の哲学は、これらとはまったく異なる内容を持っているのである。その点で、入不二は哲学に何か新しい地平を切り開くことに成功している。

さきほど、未来は「可能性」であるという話をした。様相の哲学において、「可能性」と対置されるのは「現実性」である。「運命」について考えるためには、この「現実性」と「可能性」についてきちんと考えておかなくてはならないと入不二は言う。

たとえば、ここにサイコロがあるとする。サイコロを振ったときに、1から6までの目が出る可能性がある。では、実際にサイコロを振ってみよう。するとそのサイコロが6の目を出して止まった。すなわちサイコロを振るまでは、1から6までのすべての目が出る「可能性」があったのだが、実際にサイコロを振った結果、6の目が出るという「現実」が起きたのである。サイコロを振る前はいろんな「可能性」に満ちていたのに、サイコロを振った瞬間に、一つの「現実」だけに絞り込まれてしまう。そして、1から5の目が出るという「可能性」は選択肢

としては消されて、この世界から消去される。最初はいろんな「可能性」がたくさん広がっているのだが、それらの「可能性」は一撃にして絞り込まれてしまい、一つの「現実」のみが目の前に立ち現われてくる（入不二はこれを「様相の潰れ」と呼ぶ）。

この「現実」というものを、さらに詳しく考えてみよう。

サッカーの日本代表が、試合後半のアディショナルタイムで逆転のゴールを許して試合に負けてしまった。そのシーンをリアルタイムで見ていた人たちは、「ああ、これが現実なのか！」と思ったことだろう。あの逆転ゴールの直前までは、同点で延長戦に入る可能性もあったし、日本代表が追加点を入れて勝つ可能性もあったし、ゴールを入れられて負ける可能性もあった。

しかしながらあのアディショナルタイムで、ゴールを入れられて負けるという選択肢のみが「現実」となり、他の「可能性」はすべて消去された。この、「ああ、これが現実なのか！」という驚きをもって感じる痛みのようなもの、「世界は現にいまあるようにあるのであって、他のありようでもってあるのではない」というこの強烈な痛みのよ

うなもの、これこそが「現実」の認識の中心部にあるものであると私は考える。もちろん、すべての「現実」の認識にそのような痛みがつきまとう訳ではないが、しかしそのような痛みを思い描くことによって、「現実」とは何かをより間違いなく読者に伝えることができると私は考える（入不二はこの種の「痛み」については語っていない）。

さて、この「現実」というものについて、入不二は次のような哲学的思索を行なっていく。ここからが入不二の独壇場である。彼はどのようなことを語るのか。

入不二は、「現実」には二つの側面があると言う。

ひとつは「現実」の「唯一性」である。これは何かというと、サッカーの日本代表は引き分ける可能性もあったし、勝つ可能性もあったし、負ける可能性もあった。そしてその中から、アディショナルタイムで負けるということのみが「現実」となった。すなわち、「負ける」という具体的なありようが現に起き、そのことによってその他のありようが世界の外へと押し出されてしまった。「負ける」というありようだけが土俵の上に残って、その他はすべて土俵の上からは消え去ってしまった。すなわち、結果が出てしまった現在のありようをじっくりと点検してみれば、「負けた」ということだけが唯一の「現実」の「中身」として現に存在するわけである。このような、ある具体的な唯一のありようだけが「現実」の「中身」として現に存在するということを、入不二は「現実」の持つ「唯一性」と呼んでいる。

これに対して、「現実」には「全一性」という側面もある。これは難しい概念なので注意深く読んでいってほしい。さきほど述べた「現実」の「唯一性」は、どのような具体的なありようが土俵の上に現に存在するのかという、「現実」の「中身」に関わる話であった。サッカーの日本代表の例では、アディショナルタイムで「負けた」という「中身」が、唯一の「現実」として土俵の上に現に存在するのである。ところで、「現実」には、何が現に存在するのかという「中身」とは無関係に、「現実」の「構造」だけから導かれるとても重要な性質があるのだ。

すなわち、日本代表が延長戦になろうが、勝とうが、負けようが、そのどれが土俵の上に現に存在したとしても、その存在したものが「現実」であるわけである。そしてそれ以外は、すべて土俵の上からは消え去っているのである。このような「構造」のなかに、「現実」というもののの本質的な特徴が力強く宿っていると入不二は考えている（入不二は「構造」という言葉は使っていない）。

この「構造」とは何かというと、それは、「現にあるものこそが、現にあるのであり、それ以外のものが現にあるわけではない」というものである。これは「現実」の「構造」に関わる性質であり、どういう「中身」が土俵の上に現に存在しているかという事実とは関係なく成り立つ。サッカーの日本代表が延長戦に入ろうが、勝とうが、負けようが、そういう「中身」とはまったく無関係の次元で、「日本代表のサッカーの試合において、現にあるものこそが現にあるのであり、それ以外のものが現にあるわけではない」ということが成立する。これを「現実」の「全一性」と呼んでいる。つまり「唯一性」は「中身」に関わって成立するが、「全一性」は「中身」には関わらずに成立するのだ。

このように、「現実」においては、「唯一性」と「全一性」という二つが同時に成立している。「現実」が持っているこのような性質のことを、入不二は「現実性」と呼んでいる。「現実性」は、私たちの「現代哲学ラボ」シリーズにおけるとても重要なキーワードである。今後、シリーズの第2巻・第3巻において、私たちは何度もこの概念についてしつこく議論することになるだろう。

すこし回り道になるかもしれないが、ここで、入不二が「現実」というものをどう見ているのかを、さらにいくつかの角度から調べておくことにしたい。

「現実」とは、現に、このようにあるもののことである。現に、目の前に見えている風景、現に、いま起きている出来事、現に、私が感じている様々なこと、これらは「現実」である。ということは、いまここで実際に起きていることすべてを集めたものが「現実」である、となりそうである。それはそれで間違いないのだが、入不二は、「現実」はもっと多くのことを含んでいると言う。たとえば、いま私の部屋の中にペンギンはいない。だから、私の部屋の中にペンギンがいるというのは「現実」ではない。しかしながら、もし誰かが動物園からペンギンを連れ出して私の部屋に押し込んでしまえば、私の部屋の中にペンギンがいるというのは「現実」になる。すなわち、私の部屋はペンギンが入るくらいの大きさはあるのだから、私の部屋にペンギンがいることは可能である。したがって、私の部屋にペンギンがいるというのは〈潜在的な〉現実であると言うことができる。もしこれが正しいとすれば、私の部屋に連れてくることのできる動物や物体は無数にあるわけだから、私の部屋は、いま実際に見えているものごとにとどまらず、それを超えた無数のものごとを潜在的な現実として宿していることになるだろう。すなわち、「現実」は、いまここで実際に起きていることを超えて、無限に豊かなものを潜在性として含み込んでいるのである。けっして目の前で顕在的に成立しているものだけが「現実」なのではない。アリストテレス的に言えば、「現実」はエネルゲイア（実現態）のみならずデュミナス（可能態）をも含み込むということである。「現実」とはなんと豊かなものなのだろうか。

　ところで、アリストテレスは、過去と現在は必然だが、未来は可能性だと考えた。これは私たちの常識的な世界観でもある。

これに「現実性」の光を当ててみよう。まず「現在」は「現実」である。これは当然のことである。いま現在に起きていることは「現実」である。次いで「過去」にも「現実」と言えるものがある。たとえば、日本は第二次世界大戦で負けたというのは「現実」の過去である。これに対して、日本は第二次世界大戦で勝ったというのは「可能」な過去である。こうしてみると、過去にも「現実」と言えるものがあるのだから、いま実際に起きていることだけを「現実」と考えるのは、この点でも間違っている。それでは「未来」はどうなのだろうか。「現実」の未来なんていうものがあるのだろうか。入不二は、「現実」の未来はあると主張する。これは入不二独自の考え方である。「現実」の未来とは、いま未来という時制に存在していて、やがてそれが現在になったときにここで実際に実現するような内容のことを指しているのではない。未来にここで実現するような内容は、あくまで「可能性」としてあるのであって、けっして「現実」としてあるのではない。この点をもっと精密に考えてみると、次のようなことが分かる。すなわち、未来にここで何が実現するのかはまったく分からないけれども、未来にここで何かが実現することだけは確かであると言える。ということは、未来がここにやってきたときに実現するはずのものが具体的に何であるかは分からないけれども、未来がここにやってきたときに実現するはずのものがそのときに現に実現するということだけは確実なのであり、その意味で、未来がここにやってきたときに実現するはずの未来は「現実」の未来だと言ってよいというのである。「現実」の未来というものは、ある。しかし「現実」の未来がどのような中身を持っているのかは分からない。これは、「現実」のひとつの側面である「全一性」に対応している。以上をまとめると、「現実」は現在と過去だけではなく、未来をも含むということになる。

入不二の「現実」概念は、可能世界論における「現実」概念とも異なっている。可能世界論とは、この世界とは交わらない「可能世界」というものを想定できるとする論である。その可能世界においては、この世界で成立していないことが成立している。たとえば、この世界では日本は第二次世界大戦に負けたが、ある可能世界では日本は第二次世界大戦に勝ったということになっていてもかまわない。私たちはそのような可能世界を無数に想定することができる。この可能世界論において、「現実」とは、その可能世界の中に住んでいる人が現に体験している世界として定義される。すなわち、日本が第二次世界大戦に勝ったことになっている可能世界においては、日本が第二次世界大戦に勝ったことが「現実」である。日本がサッカーワールドカップで優勝したことになっている可能世界においては、日本がサッカーワールドカップで優勝したことが「現実」である。つまり、考えられる可能世界ごとに、その可能世界の内部でそれぞれの「現実」があるとされるのである。そうすると「現実」の数が膨大に増えていく。

入不二はそのようには考えない。現にあるこの世界のみが「現実」である。それを可能世界のなかに入れ込むことはできない。それを可能世界のなかに入れ込もうとしても、それをすり抜けて可能世界の外側へと脱出してしまうものこそが「現実」である。すなわち「可能な現実」というのはあり得ないというのが、「現実」の特徴なのである。「現実」に可能性をぶち込んでこようとするすべての営みを、「現実」はやすやすとすり抜けていく。同じことは「必然」とか「偶然」などの様相についても言える。「必然的な現実」や「偶然的な現実」というのはあり得ない。「現実」は、現にあるものが現にあるということのみで成り立っており、そこに「可能性」や「必然性」や「偶然性」が入りこむ隙はそもそもなかったのである。だから「現実」は「無様相」であると入不二は述べている（112、119頁*1）。入不二はこのようにも言う。「現実性だけは様相のネットワークから外れた「孤島」である」（126頁）。

「現実」の持つこのような「すり抜ける力」は、「否定」という領域にまでも及ぶ。たとえば、「現にこうである」というのは「こうであるのが現実だ」ということを意味している。ではその文を否定して、「現にこうではない」と言ったとしよう。この文において「こうである」という「現実」が否定されたのかというと、そうではない。この文においては「こうではない」という新たな「現実」が宣言されたのである。つまり「否定」は「現実」それ自体には及ばないし、まったく影響を与えない。「現実」は「否定」の力をやすやすと無傷のまますり抜けて、外部へと出ていく。

このように考えてみると、「現実」とは、「可能性」や「必然性」や「偶然性」や「否定」によってまったく影響を受けない、異様に強いものだということが分かる。なぜかというと、「現実」は本質的に「空っぽ」であって「無内包」だからだというのが入不二の答えである（131頁）。この「無内包の現実」については、本シリーズ第3巻においてさらに突き詰められることになるだろう。

＊1　この章の（　）内の数字は『あるようにあり、なるようになる　運命論の運命』の頁番号を表す。

3　「絶対現実」と「相対現実」はどう違うのか

さてここで、「現実」の二つの側面であった「唯一性」と「全一性」を思い出してみよう。「現実」の「唯一性」とは、サッカーの日本代表がアディショナルタイムで負けるという具体的なありようだけが、唯一の「現実」の「中身」として現に存在するということを指していた。これに対して「現実」の「全一性」とは、どのような具体的なありようが「現実」の「中身」として現に存在するのかということとは関係なしに、「現にあるものこそが、現にあるのであり、それ以外のものが現にあるわけではない」ということが常に「構造」として成り立つことを指していた。

入不二が言うところの、様相のネットワークから外れた「孤島」としての「現実」、中身がからっぽの「無様相」としての「現実」は、さきほどの「全一性」としての「現実」に対応するものである。「中身」とは関係なく、もっぱらその「構造」のみから導かれてくる「現実」の性質としての「全一性」である。入不二はこの「全一性」を、「絶対現実」という言葉で言い換える。なぜならここで指摘されているのは、「現実」が様相によってびくともしない、なんの影響も受けないというその絶対的な性質だからである。単に「現実」と言うのではなく、「絶対現実と言うことで、その絶対性を強調しているのである（西田幾多郎の「絶対無」*2を思い起こす人もいるだろう）。

「絶対現実」とは、「現実」の無内包の側面、様相からまったく影響を受けない側面を表わしており、「現にあるものこそが、現にあるのであり、それ以外のものが現にあるわけではない」ということを指している。これこそが「現実」を「現実」たらしめている本質であると言ってもよい。

ところが、実際には、私たちは「絶対現実」のみを経験することはない。私たちが世界を経験するときに、私たちはかならず何かの具体的な「中身」を一緒に経験する。サッカーの日本代表が負けたという「中身」を伴った世界を経験する。そして「日本が負けたのが現実だ！」というふうに「現実」を理解する。すなわち、私たちにとって「現実」とはつねに「中身」をともなった「現実」でしかあり得ないのだ。かならず「中身」がともなうことによって、「絶対現実」の「絶対性」は弱められ、相対化される。入不二は「中身」をともなう「現実」のことを「相対現実」と呼んでいる。これは先の「現実」の「唯一性」に対応するものである（入不二は、「相対現実」は必然的ととらえることも偶然的ととらえることもできると言っている。これは重要な洞察であるが、本章では深追いしないことにする）。

では、「絶対現実」と、それが相対化された「相対現実」のどちらかほんとうの「現実」なのだろうか。一見すると「絶対」という言葉がついている「絶対現実」がほんとうの「現実」であり、「相対現実」は「絶対現実」が薄まったものであると思えるかもしれない。しかし入不二はそういうふうに単純には考えない。入不二は、ここで概念そのものの運動に注目する。

まず「絶対現実」というものが私たちの前にはっきりと現われる。読者はこれまでの説明によって、「絶対現実」が何かをクリアーに理解したであろう。しかしその直後から、この「絶対現実」という概念に暗雲がかかり始める。なぜなら私たちは「絶対現実」それ自体を経験することはなく、私たちが経験する「現実」にはかならず「中身」がともなっていることに気づくからである。こうして「絶対現実」はどんどんと相対化されていき、「相対現実」の概念が大きく目の前に立ちはだかり始める。しかしながら今度は、その相対化の流れを押しとどめるようにして、まったく逆の絶対化の運動が起きてくるのである。すなわち「相対現実」というとらえかたでは、「現実」が「現実」であるその根本のところを鷲掴みにすることができないからである。「現実」が「現実」であるのは、「現実」に、具体的な何ものをも寄せ付けない絶対性が刻印されているからであり、「相対現実」という概念ではその刻印を正しくとらえることができないのである。かくして、相対化とはまったく逆の絶対化の運動が盛り上がっていき、私たちはふたたび「絶対現実」のほうへと引き戻されることになる。

そしてこの二つの運動のせめぎ合い、相対化と絶対化の果てしなき戦いはけっして終わるところがない。それは延々と繰り返されてどこまでも続く。入不二はこれを「現実性の反逆と、可能性によるその鎮圧の繰り返し」と表現している（141頁）。そしてこの果てしなき戦いの無限運動のただ中にこそ、「現実性」をめぐる真理がきらめいているというのが、入不二の根本的発想である。これを聞くと、神秘思想における善と悪の終わりなき戦いというイメージを想像する読者もいるかもしれない。私はそれよりも入不二のもうひとつの「本業」であるレスリングを思い出す。入不二は哲学者であると同時にアマチュアの現役レスラーとして試合を行なっているのだ。なぜレスリング？　と思われるかもしれないが、哲学とレスリングは相性がよいのだ。古代ギリシアにおいては、哲学を志す青年たちには、まず体育で身体を鍛えることが推奨された。実際に哲学者プラトンはレスラーでもあった。

レスリングは、二人のレスラーが組み合って戦いを進める。もちろん相手を倒して自分が勝つのが目標であるが、レスリングの醍醐味は単に相手に勝つことだけにあるのではない。レスラーが組み合っているときに、相手が手を出してきたらこちらはそれをどう受けるのか、そしてこちらからの反撃に対して相手はさらにどう返すのかというレスラー同士の読み合いにもまた、大きな醍醐味があるのだ。そしてあるときには片方が優勢になり、あるときにはもう片方が優勢になる。見方を変えれば、レスラーのあいだの技の掛け合いは、二人のレスラーによってなされるある種の「協力ゲーム」であるとも言える。よりよい試合を作り上げるために、二人によって力を合わせながら、レスリングというダイナミックな運動を構築していくのである。良い試合を見たときに、観客はレスラーたちによって作り上げられた「戦いという共同作業」の美しさに感銘を受けるのであろう。

私は、「絶対現実」と「相対現実」の果てしなき戦いの無限運動に、協力ゲームとしてのレ

現実杯レスリング
絶対
相対

スリングを重ねて考えたい。もちろんレスリングの試合には終わりというものがあるが、「絶対現実」と「相対現実」の戦いには終わりはない。しかしながら、その戦いが一種の協力ゲームであり、その戦いのダイナミズムのただ中にこそ哲学の難問の解があるとする発想は、レスリングの本質と切り結んでいると考えられる。

入不二はこの発想を提案したことで、哲学に対して何かの新しい「方法」を持ち込んだのかもしれない。もちろん、絶えざる運動こそが解であるとする哲学の方法はこれまでにもあった。たとえばヘーゲルの弁証法はそういうものである。ある解が提案されたとして、その解はみずからの内部にはらむ否定の力によってみずからの外部へと自己運動をしはじめる。そしてその運動は当初とは正反対のところまで行くのだが、今度はその行き着いた先において新たな否定の運動が発動され、ふたたび当初の場所へと戻ってくる。しかし否定の経験を積んで戻ってきたぶんだけ、それは高い次元に到達しているのである（止揚）。この運動はさらに延々と続いていく。

あるいは易や朱子学における陰と陽のダイナミズムの思想はどうだろうか。万物は陰と陽の二側面を持っている。陰と陽の二つは互いに相手を意識したレスラーのように運動する。陰が優勢になれば陽が劣勢になり、陰が劣勢になれば陽が優勢になる。そして陰がどんどんと強くなっていくと、あるところに達したときにそれは陽に転換してしまう。そして陽がどんどん強くなっていくと、あるところに達したときにそれは陰に転換してしまう。まさにレスリングの試合を見るような感じがする。ヘーゲルは弁証法において質の高まりを考えているので、入不二の発想は易のほうに近いのかもしれない。「絶対現実」と「相対現実」は弁証法的にどんどん高まっていくわけではないからである。むしろ陰と陽のように、互いに押し合いへし合いしながら、果てしのない運動を続けていると考えられる。入不二哲学は分析哲学の形をとっているが、その内部には、大乗仏教や京都学派の絶対無のような系列の発想と、陰陽思想のような古代中国哲学の系列の発想が埋め込まれているように見える。興味深い点である。

さて、このような「絶対現実」と「相対現実」の果てしないせめぎ合いの運動のことを、入不二は「あるようにある」と表現する。これは日本語としては不思議な言葉使いだ。入不二の説明を、森岡の言葉で言い直してみよう。まず「相対現実」とは、「他でもないこの現実の内容が、現にある」ことである。これを縮めて言うと「このようなものがある」となるだろう。これが「現実」のひとつの側面である。これに対して、「絶対現実」とは、「どんな内容であれ、あるものがある」ことである。これを縮めて言うと「あるものがある」となるだろう。これが「現実」のもうひとつの側面である。

「現実」はこの二つの側面のせめぎ合いの運動として成立している。それを表現するためには「このようなものがある」と「あるものがある」を同時に言い表わす表現が必要になる。入不二はそのような日本語表現として「あるようにある」という言い方を発明した。そしてこれはまた「運命」を言い当てる表現でもあると入不二は考える。入不二は言う、「運命論は、「全てのことは必然である」という当初の姿から、「全てのことはあるようにある」という姿へと変貌する。「運命」とは、そのような表現が相応しい「現実」のことであり、絶対と相対との重なりのことだったのである」と（146頁）。

入不二は、運命論が意味するものを、「全てのことは必然である」という表現から、「あるようにある」という表現へと移動させる。そしてこの「あるようにある」の中には、「絶対現実」と「相対現実」の果てしないせめぎ合いの運動が内蔵されている。しかしながら、これは運命論の前半部分でしかない。運命論を正しく見るためには、この次に控えている後半部分を探っていかなくてはならないのだ。

＊2　西田幾多郎（一八七〇〜一九四五）は、「西田哲学」と称されるユニークな哲学体系を築き上げた日本の哲学者。すべての意識や実在の根底に「絶対無（無の場所）」を考え、そこから現実の世界が限定されていくとした。

4　あるようにあり、なるようになる

人が大きな失敗をしてしまったとき、その人は「ああ、こうなる運命だったのか！」と嘆く、というふうに本章の冒頭で私は書いた。この文章をよく見てみると、そこに「なる」という動詞が含まれている。前節までの考察は「現実」が「ある」ということをめぐってなされてきた。しかし運命について考えるためには「ある」だけを見ていてはダメなのだ。「こうなる運命だったのか！」に含まれているところの、「なる」についてじっくりと考えないといけないのだ。では「なる」とはどういうことか。

「ある」が存在にかかわるものだとすれば、「なる」は時間にかかわるものである。「こうなる」とか「こうなった」とは、時間が経過することによって、未来にあったであろう様々な可能性のうち、たったひとつがいま実現することである。サッカーの日本代表は、延長戦に入る可能性もあったし、勝つ可能性もあったし、負ける可能性もあった。しかし実際には、「負ける」という結果が「現実」に「なった」。

時間が経つことによって、何かが「現実になる」とは、いったいどういうことか。「ある」ということをいくら分析しても、「なる」ということの秘密は分からない。「なる」には「なる」

独自の構造がある。これについて入不二は長大で込み入った考察を加えている。そのもっとも大事なポイントを、私は次のようにまとめてみたい。

実は、「なる」と「ある」は同じような性質を共有している。それは、「なる」にもまた「絶対的」な側面と、「相対的」な側面の二つがあるということである。

まず、「なる」の「相対的」な側面について見てみよう。これは具体的に何が未来からやってきて現在の「中身」になるのかということである。サッカーの日本代表は、延長戦に入る可能性もあったし、勝つ可能性もあったし、負ける可能性もあった。しかしそれらのなかから、「負ける」という「中身」のみが未来からやってきて現在の

「中身」になった。未来の可能性としてあったはずの様々な選択肢のうちから、たったひとつだけが現在にやってきて、現在の「中身」として実現し、そのほかの可能性は「現実」にならないまま消去された。これは、「Aになる可能性もあったし、Bになる可能性もあったが、実際には、このようになった」という一種の「中身の比較」によって「なる」というものがとらえられることを意味しているので、「相対的」な側面と言うことができる。

これに対して、そのような「中身の比較」によってはとらえることのできない性質を、「なる」は持っている。それは何かというと、「このようになるものこそが、このようになるのであり、それ以外のものがこのようになるわけではない」という性質である。サッカーの日本代表を例にとって言えば、「日本代表のサッカーの試合結果において、そのような結果になるものこそがそのような結果になるのであり、それ以外のものがそのような結果になるわけではない」という性質である。これは「そのようになったところの中身」とは無関係に常に成立する性質であり、「そのようになる」の「構造」のみから導かれてくる性質である。これは、中身がどうなるのかは分からないけれども、それとは無関係に、未来が現実になるときはただそのようになるということである。どのようになるかは分からないけれども、ただそのようになる、という性質が「なる」の構造にはっきりと内在している。これは、具体的にどのような「中身」が実現するかということに関わらないので、「なる」の「絶対的」な側面ということができるだろう。

このように、「なる」においても、「絶対的」な側面と、「相対的」な側面の二つがあることが分かった。入不二はこの二つについても、「ある」のときと同じような、果てしなく続くせめぎ合いの運動を見出している。

このせめぎ合いの運動をどう言い表わすかについて、入不二の言いたいことを、森岡の言葉で説明してみたい。まず「なる」の「相対的」な側面を表現するとすれば、「このようなものになる」と言えるだろう。「あのようなもの」ではなく、「さらにあのようなもの」でもなく、まさに「このようなもの」に「なる」というわけである。これに対して「なる」の「絶対的」な側面を表現するとすれば、「なるものがなる」と言えるだろう。どのような「中身」が実現するとしても、それとはまったく無関係に、「なるものがなる」ということはかならず成立するからである。

「なる」は、これらの「絶対的」な側面と「相対的」な側面のせめぎ合いの運動として成立する。したがって、「このようなものになる」と「なるものがなる」を合体させれば、「なるようになる」という言い方が成立するのである（入不二はこれとは別の導き方をしているが、森岡の説明と同じ帰結になると考えられる)。このようにして、「なる」とは「なるようになる」ことであるという結論が導かれた。考えてみれば、私たちの日常語に「なるようになるさ!」という言い方がある。「なるようになるさ!」とは一見、意味不明の語句表現であるが、私たちはそれをちゃんと有意味なものとして日々使っている。なぜそれを有意味なものとして使えるのかと言えば、この言葉の中に、入不二が指摘したような「なる」についての「絶対的」な側面と「相対的」な側面の絡み合いが見事に表現されており、私たちがそれを直観的に理解しているからではないかと私は思うのである。この点は、日本語学の視点から迫ってみても面白い(また「あるようにあるさ!」となぜ私たちが言わないのかも興味深い点である)。

さて、この「なるようになる」を、前出の「あるようにある」と合体させると、「あるようにあり、なるようになる」という最終的な定式が導かれる。これこそが「現実」というもの、そして「運命」というものを正しく表現した文章であり、入不二の本のタイトルとなったものである。こうやって私たちは、ようやく「あるようにあり、なるようになる」という運命論の最終地点へ到達した。長く複雑な道のりであった。この道のりを入不二は過去や同時代の哲学者たちを参照しながら独力で構築しており、オリジナリティに満ちた哲学であると言える。

あるようにあり、なるようになる

5 「運命」と「自由」は密接につながっている

ところで、「すべては運命です」と言うと、「じゃあ自由はないのですか?」と反論される。哲学においても、この「運命」と「自由」の関係は、重要な課題として論じられてきた。入不二もこの問いに対して独自の答え方をしているので、それを最後に見ておきたい。

ある人が大学を卒業して官僚になり、出世してトップにまで上り詰めたが、自分の息子を医学部に入学させるために某大学幹部に裏口入学を依頼し、無事に息子は入学できたが、その直後に情報が漏れて逮捕されてしまい、現在に至るという人生があったとしよう。まさに「こうな

る運命だったのか！」という人生であろう。この人生を眺めてみたときに、まったくあらがうことのできない巨大な波に飲み込まれるようにしてこうなってしまったのかと言えば、かならずしもそうではないと言える。この人物は、人生の重要な分岐点において、自分自身で決断してこれらのことを行なったからである。そしてその決断は「自由」な決断であったはずである。それらの「自由」な決断が積み重なることによって、この人物は逮捕という破滅へと絞り込まれていった。すなわち、たしかに「すべては運命である」とは言えるけれども、その「運命」を導いた人生の個々の決断において、その人が「自由」を行使していたことも確かなのである。「運命」は「自由」の積み重ねでもある。運命は自由と排反するものではない。何かに向かって自由な決断を積み重ねるのだから、これを入不二は「何かである」自由と呼ぶ。

ところがこれと同時に、次のようなことも言えるだろう。たとえば裏口入学を依頼するという「自由」を行使して、それを現実化したそのときに、「裏口入学を断念して大学をあきらめさせる」とか、「学歴追求をやめて親子共々世界一周旅行の旅に出る」などの、他でもあり得た人生の数々の可能的な選択肢を、私はちょうど「現実」の架空バージョンとして、一挙に生み出したことになるとも言えるのである。すなわち、「自由」を行使することでひとつの「現実」を定めたときに、私はそれとはまったく逆方向への「現実」からの解放への道筋をも開いてし

まうとも言えるのである。その解放への道筋は、「自由」の行使からの「自由」とも考えられるから、入不二はこれを「自由からの自由」、あるいは「何でもあり」の自由と呼んでいる。

そしてこれら二つの自由、すなわち「何かである」自由と、「何でもあり」の自由もまた、果てしないせめぎ合いの運動を続けていくのである。どちらかが本物の「自由」であるというふうにはならない。これら二つの「自由」がせめぎ合って運動しているあり方それ自体が、「自由」の実相なのである。ここには「運命」と同じような構造がある。

この議論から分かるのは、私たちが「運命」としてとらえているものをその反対側から見ると、それを「自由」としてとらえることができるということである。左から見たら「運命」であり、右から見たら「自由」であるのだ。この意味で、「運命」と「自由」は「相即不離」であると入不二は言う。この二者の関係は、「運命こそが自由に他ならないし、自由こそが運命に他ならないような地点へと向かっていく」というのである（307頁）。「運命」と「自由」の関係は、このような独自性をもっており、哲学で一般的に議論されてきた「決定論」と「自由」の問題とはまったく異なった位相にあると入不二は指摘する。

「運命」と「自由」のこのような関係を正しくとらえることによって、私たちは「運命」を「自由」に生きるとはどういうことかを知ることができる。それは「サーフボードでビッグウェーブに乗ろうとする場面になぞらえることができる」（319頁）。大波に乗るとき、私は波のあらがえない力に沿うようにして立たなければならないが、それは波によって完全に操られているわけでもない。「運命は、大波に乗るように「乗る」ものであって、思い通りに使いこなすものでもなければ、黙々とただ従うものでもない」（320頁）。

入不二は、「大波に乗る」というイメージでもって、「運命」と「自由」が両立する様を描き取ろうとしている。これが入不二の著書『あるようにあり、なるようになる』の到達点を示していると言えるだろう。

自由

6　入不二の講義を読み進めるにあたって

以上が、私の目から見た入不二の運命論の骨子である。何度も言うが、これは森岡のフィルターを通して理解した入不二のセオリーの解釈であり、森岡的なバイアスがかかっている。読者のみなさんは、それを念頭に置きながら、次章の入不二の講義と、森岡との対話を読んでいってほしい。

次章に再録されているのは、二〇一五年に行なわれた「現代哲学ラボ」講演会「運命論を哲学する：あるようにあり、なるようになるとは？」の記録である。田中さをりが司会を務め、まず入不二による講演がなされ、それを受けて森岡のコメント、フリーディスカッション、および会場との質疑応答がなされた。

当日は、入不二の著書『あるようにあり、なるようになる』を全員が読んできているという前提で進められた。したがって、入不二の講義は、いきなり議論の本質に入る形になっている。もちろん、入不二の講義を理解するのは容易ではない。その自在な語りについていくのは至難の業である。だが弱気にならずに、その議論の大波に乗って、哲学することの肌触りを味わってほしい。哲学者が自由に思索を進めるとこのようなことになるのだという生の感触をぜひ楽しんでほしい。きっと数々の知的刺激を得ることができるはずだ。

本書は、けっして出来上がった哲学のセオリーを分かりやすく解説するものではない。第1章では、入不二の運命論の分かりやすい解説を心がけたが、ここからは未踏の荒野が待っている。その茨の道を進んでいってほしい。この荒野こそが「哲学」だ。私は入不二の講義のあとでコメントを行なったが、当時は入不二の主張をきちんとは理解していなかった、といま振り返って思う。そういうわけだから、入不二と私の対話も、どこかしらポイントがずれていたり、誤解があったりしている。けれどもそれらはひとつの記録としてそのまま残してある。また、当日は時間の制約があったため、入不二は用意してきたスライドをすべて説明することができなかった。本書に再録するに際して、入不二が当日にしゃべれなかった部分を第3章に収めている。また、内容をクリアーにするために、二人とも自分の発言に手を入れて書き直している。

それでは、「現代哲学ラボ」の現場にようこそ！

◎語句解説

様相（ようそう）

様相とは、「可能」「偶然」「必然」などを指す言葉である。たとえば裏庭に動物を捕るための罠を仕掛けておいたとする。そしたら、「パチン」という音がした。このとき、罠にはウサギがかかっている可能性もあるし、ネズミがかかっている可能性もある。これは「可能」という様相である。そしてウサギがかかっていたとして、どうして今朝ではなく、また深夜ではなく、いまかかったのかと考えてみても、とくに理由は見出せない。こうしたとき私たちは、ウサギは偶然にかかったと考えるだろう。これは「偶然」という様相である。ところで、よく考えてみれば、うちの裏山にはウサギしか住んでいなかったことを思い出したとしよう。だとすれば、罠にかかる動物はウサギしかあり得ない。ネズミがかかることはあり得ない。ウサギがかかったのは必然である。これは「必然」という様相である。もし「可能」の反対概念を「現実」ととらえれば、「現実」もまた様相であることになる。あるいは、ここに「潜在」という概念を付け加えるとどうなるだろうか。入不二がこれらをどうとらえるかは、本書をじっくりと読んでみてほしい。

因果的決定論と神学的決定論

大学受験に失敗したとする。その理由は、受験の前日によく眠れなかったからだ。なぜ前日によく眠れなかったかというと、夜遅くまでテレビを見てしまったからだ。このように、因果関係が一直線に続くことで、現在の状況が決まってしまったとする考え方を「因果的決定論」という。これに対して、なぜ大学受験に失敗したかといえば、神様があらかじめ受験失敗を決めてしまっていたからだ、いくら努力していたとしても結局は無理だったんだ、というような考え方を「神学的決定論」という。この二つは、「いまの状況以外のもの」が「いまの状況」を決めているという考え方に立っている。入不二はこれを「二項性」と呼ぶ。

物語的運命論と論理的運命論

人生を振り返ったとき、昔に起きたほんのちょっとしたことが、その後だんだんと人生に影響していき、そしていまの悲惨な状況（あるいは幸福な状況）を引き起こしてしまったというふうに見えることがある。たとえば、子ども時代に親から叱られたことが自分の心に小さな傷を作り、青年時代のぎすぎすした人間関係を通じてその傷がだんだんと広がっていき、そして結婚したパートナーを口論の末に刺してしまった、という人生があったとしよう。このとき、「あ

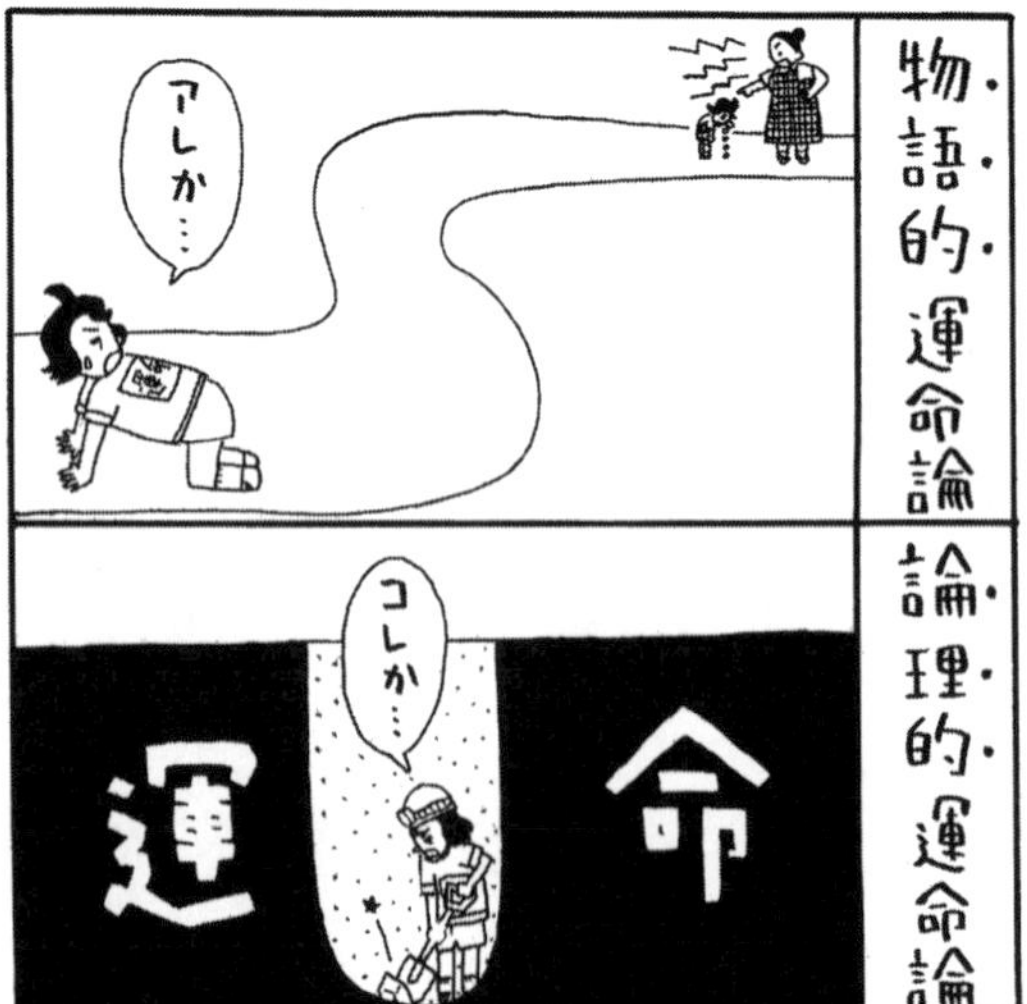

あ、これが運命だったのか！」という運命論が成立する。この運命論は、ストーリーとして、物語として、人生の解釈として成立している。これを「物語的運命論」「解釈的運命論」と呼ぶ。私たちが「運命」という言葉を使う場合、これを指すことがほとんどだろう。

これに対して、こういった人生のストーリーや中身とはまったく無関係に、「運命」という概念を理屈によって詳しく掘り下げるだけで成立する運命論がある。これを「論理的運命論」と呼ぶ。入不二が膨大な頁数をかけて試みているのは、この「論理的運命論」の書き換えである。この点を押さえておくと、入不二の議論を理解しやすくなる。

ベタ性・ベタに連続する

「ベタ」というのは入不二語である。マンガで「ベタ塗り」という技法がある。登場人物の背景の空間を、黒一色でベッタリと塗りつぶすことである。真っ黒で塗りつぶされてしまうから、塗られた部分は黒一色となり、差異がまったく消えてしまう。もし私たちが完全に暗黒の部屋に入れられたら、そこで私たちに見えるものは、完全にベタな暗黒世界であろう。

入不二は、過去の現実、現在の現実、未来の現実が「ベタ」に連続していると言う。これは、過去・現在・未来が、現実の過去であり、現実の現在であり、現実の未来であるかぎり、「現実」一色でベタ塗りされてつながっているというイメージである。

相対現実と絶対現実の区別でいえば、絶対現実のほうがベタな現実である。

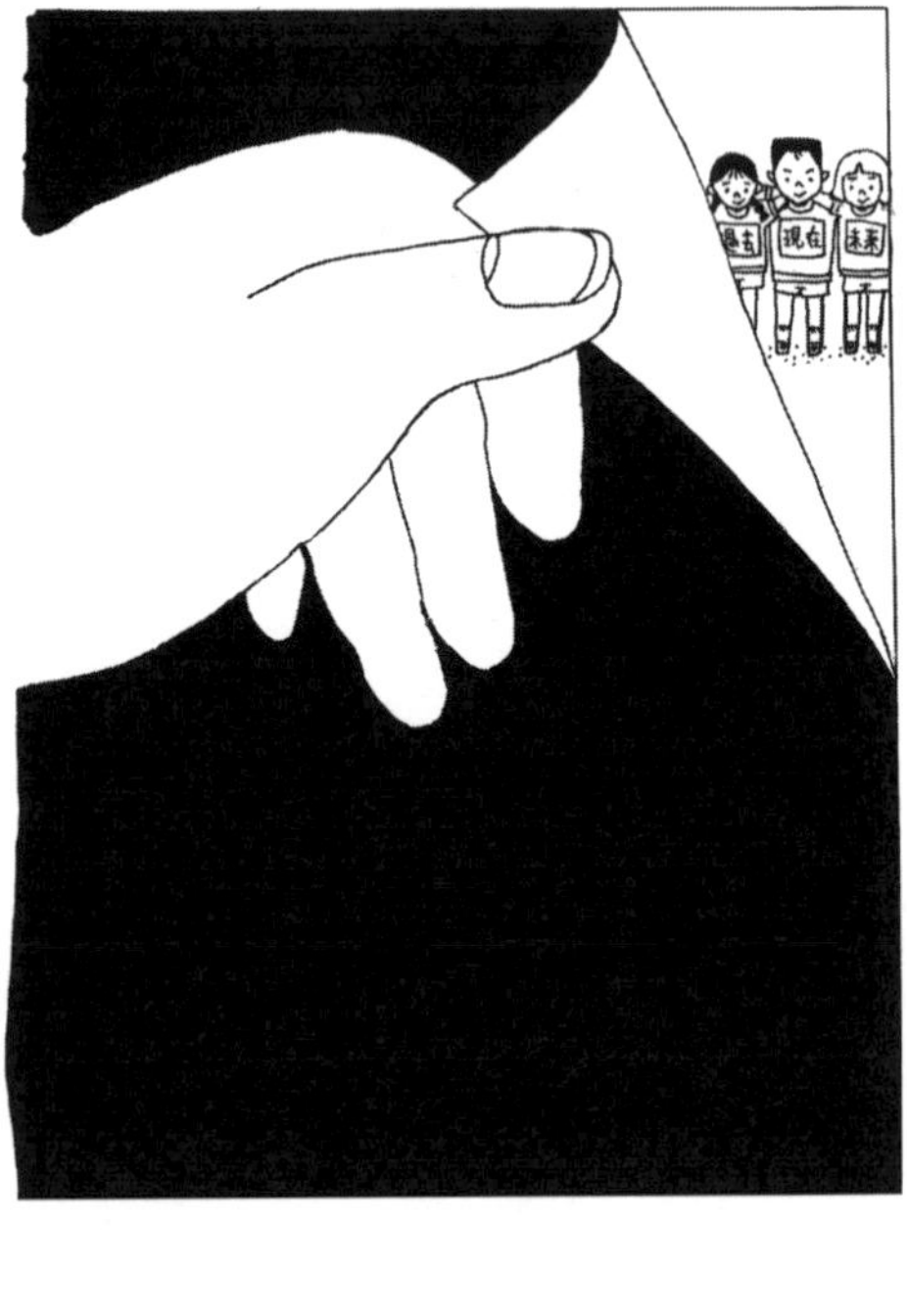

指標詞・固有名

富士山とか東京などの言葉は、それが何を指しているのかを確定することができる。これに対して、「私」や「いま」や「ここ」といった言葉は、その言葉を発する人物によって、指し示す内容がまったく異なってしまう。たとえば、読者が「私」と言ったときと、読者の隣にいる人物が「私」と言ったときでは、「私」という言葉が指し示す対象は、まったく異なってしまうだろう。「いま」や「ここ」でも同じことが言える。このような言葉を「指標詞」と呼ぶ。「指標詞」は非常に不思議な性質をもつことが知られている。本シリーズに登場する永井均は、「指標詞」

である「私」に山括弧を付けた「〈私〉」という表記を提唱し、それは独在性を表わすとした。このテーマは第2巻・第3巻で掘り下げられる。

富士山や東京は、世界に一つしかないものを指しているので「固有名」と呼ばれる。富士山は「日本にある3776メートルの円錐状の火山」というふうに記述できる。しかし逆に、「日本にある3776メートルの円錐状の火山」だったらそれはかならず「富士山」だと言えるだろうか。ひょっとしたら、日本人全員が見逃しているそのような山が日本にはもうひとつあるかもしれない。もし仮にそういう山がもうひとつあったとしたら、いったいどっちを「富士山」と呼べばいいのだろうか。この問題はもっと身近な「水」などの普通名詞や、過去の人物名などにも当てはまる。「富士山はこの山だ！」「水とはこれだ！」というふうに、最初に誰かがそれを指し示すということをしたうえでそれが拡散されないと、私たちはそれを正しく名指すための根拠を得られないとも考えられる。このような問いは、「現実性」に対しても成立するのだろうか。

第II部

実況中継
「現代哲学ラボ　第1回」

第2章

現代哲学ラボ　運命論を哲学する

入不二基義×森岡正博

「**現代哲学ラボ**」とは、
現代哲学の領域で哲
学的な思索を発信し
ている人たちが集い、
次世代に哲学を伝え
る場を作りだす活動。

世話人：森岡正博
　　田中さをり
賛同人：永井均
　　入不二基義

により、二〇一五年
から二〇一六年まで
運営された。

「第1回　現代哲学ラボ——運命論を哲学する：あるようにあり、なるようになるとは？」は以下の日程で実施された。
●日時：二〇一五年一〇月九日18時45分開始
●場所：早稲田大学戸山キャンパス33号館331号室
写真は当日の模様。右が森岡正博、左が入不二基義。
（撮影／哲楽編集部）

「あるようにあり、なるようになる」とはどういうことか？

森岡　はい、時間になりましたので始めます。今日はお集まり頂きありがとうございました。現代哲学ラボ第一回、今日は入不二基義さんをお招きしております。運命論について入不二さんの新著『あるようにあり、なるようになる　運命論の運命』*1が出されましたので、それをもとに講演とトークとディスカッションをしたいと思います。今日の進行ですが、最初に入不二さんに、この新著に書かれたことを中心に講演をして頂きます。そのあとで私、森岡がそれを受けてコメントを致します。そこまでが前半で、それが終わったあとで休憩にします。後半の質疑応答ですが、このぐらいたくさんの方がおられますので、直接マイクを回すことは致しません。その代わり、みなさんのお手元にコメント用紙が配られているかと思いますので、それに質問を書いてください。休憩の間に回収し、整理して、後半のトークの時に参照しながら議論を続けたいと考えています。全部紹介できるとは限りませんけれども、時間の許す限り応答していきます。ではさっそく入不二さんに最初の講演部分をお願いします。

入不二　こんにちは。今、紹介にあった新しい本を読んでいる方もいるでしょうし、読んでいない方もいると思われるので、その両方を対象にしないといけないのは結構難しいところがあるのですが、読んでいない方にも、少なくともある程度は分かってもらえるように、今日は話を構成するつもりです。それからもうすでに通読されている方にとっては、まったく同じ話がまったく同じように繰り返されてもつまらないので、しかも時間も限られていて、すべての話ができるわけでもないので、ある範囲に限って、私がどういう主導線といいますか、太い線を描こうとしているかという部分を明らかにするような形で、大体五〇分くらい、話をしようと思います。前半は、ですから、読んでいない方のために、わりと緩やかに話をしようと思います。そこから段々角度が急になっていくように話を進めて、後半、あるいは後半の三分の一くらいのところは、かなり急勾配で話が進むことになるかもしれません。そんなふうにまず前置きをして、「運命論を哲学する　あるようにあり、なるようになるとは？」というタイトルで話をしていきます。

＊1　入不二基義『あるようにあり、なるようになる 運命論の運命』（講談社、二〇一五年）。

運命論（Fatalism）の主張

入不二　まず、**スライドⅠ－①**で「運命論」と括弧付きなのは「いわゆる」という意味合いで使っています。いわゆる「運命論」というのがどういう主張であるかを、いろいろ表現の仕方があるのですけれども、三通りほど押えておきたいと思います。運命論は英語でFatalismなのでFというふうに書いてありますが、例えばこんなふうに言われます。**すべてのことはあらかじめ決定されている**。あるいは**起こることは必然的に起こっている**んだ。それから、**偶然に見えることも実は必然である**。もちろん表現の仕方はそれぞれ違いますし、まだまだあるでしょうけれども、今日の話の中でポイントになるところに線を引いてあります。ですから、この運命論の主張の中の、これから見たいポイントは一つが、「**決定されている**」というところです。それからもう一つが、**必然的に**、とか、あるいは**偶然**とか**必然**が出てきますから、「様相」の部分。それからもう一つが、「**あらかじめ**」。これは時間表現ですね。この三点です。この三点は、もちろん本の中でも主要な柱にあたるわけですが、この三点に焦点を絞り、このFに関しての検討を行いたいと思います。

●スライドⅠ - ①●

「運命論」の主張　(F)

「全てのことは、あらかじめ決定されている。」

「起こることは、必然的に起こっている。」

「偶然に見えることも、実は必然である。」
・・・・　等々。

運命論を書き換える

まず議論の進め方について、ひとこと。歴史上の議論の中には、Fという運命論の主張をそのまま擁護しようとするような議論を見つけることができます。あるいは逆に、Fの主張を端的にそれは間違っている、という形で論駁しようとする議論ももちろんあります。ですからここは哲学史的に追いかければ、何通りもの議論が出てきます。私の本の中では、四通りの議論を材料に使っています。ただ、私自身の議論というのは、それらの議論とは違っていて、Fをそのまま擁護したいわけでもなく、かといって端的に論駁したいわけでもありません。私の議論の方向は、むしろそのどちらでもない方向をとります。そのことを言い換えれば、**Fという運命論の主張をむしろ変形したり、移動させる、運命論を書き換えていく**と

●スライドI－②●

私の議論

- ~~(F)をそのまま擁護~~　~~(F)を端的に論駁~~
- (F)を変形・移動する　(＝運命論の書き換え)
  1. 「決定されている」　→　(現実)
  2. 「必然性」「偶然と必然」　→　(様相)
  3. 「あらかじめ」　→　(時間)

いう方向性を全体としてもっています(→スライドI－②)。それがFという議論を検討する時の大まかなベクトルといいますか、方向性です。先ほど、三点がこれから論じるポイントだと言ったわけですから、その一つである「決定されている」というところに関しても、それを擁護するとか論駁するとかではなくて、ある種の変形、移動を施すことになります。その「決定されている」が、どういう変形、移動の方向を辿るかというと、**現実**に関わるある種の移動・書き換えにつながるというのが、スライドに書いてある第一のポイントになります。次に、先ほどの第二のポイントである必然性や偶然性に関わる部分に関しては、先ほど言ったように様相の問題ですから、この**様相**に関して、ある移動・書き換えという方向に議論が向かうことになります。それから、第三のポイントが「あらかじめ」というところにありましたので、これは時間に関係していますから、運命論と**時間**の関わりをある方向へと書き換えていくことになる。この三つのポイントに関して、どれも運命論を書き換えていくという方向性で話が進むことになります。大きく三つ柱があるので、ちょっと念頭に置いておいて頂きたいと思います。

因果や神にすべて決定されている？

ではさっそく、その一番目。「決定されている」というポイントを一番目のポイントとして取り出してみたいと思います。「決定されている」ということに運命論の中心主張を見る時に、決定されているわけですから、運命論のことをDeterminism、決定論という言い方で考える場面があります。運命論って、ある種の決定論だと。ただしその決定論って言った時によく出てくる二種類を挙げておきますと（→スライドⅠ−③）、一つは**因果的決定論**と呼ばれているものでしょうし、それとは少々種類が違うのが**神学的決定論**。もちろん他にもあってもいいと思いますが。「決定されている」ということにポイントがあって、因果的決定論ならば因果的に決まっている。その一番典型的なものは、やっぱりラプラスのデーモン*2みたいな考え方になります。原因が結果を決めていて、原因が結果を決める時に、そこにはある種の法則、因果法

●スライドⅠ - ③●

決定されている（1）

●決定論

——因果的決定論

——神学的決定論

●両者の共通性

——二項性：　何かが別の何かを決定している

則が働いていて、原因と結果は、原因もまた他の原因の結果だし、結果もまた他のものの原因になるので、そこには連鎖が生じ、その因果連鎖をある法則が決定していて、しかもそこにラプラスのデーモンだったらデーモンですから、その法則を完璧にわかっている悪魔が出てきます。その因果連鎖を決めている法則が完璧に分かるんだったら、最初の原因と法則から、以下は全部導けることになる。そのような考え方が出てくるのが因果的決定論。これは確かに決定というところに重きを置いて運命論を見ていることになりますし、もう一つの神学的決定論というのも、その中でさらにいろんなパターン、神をどう考えるかによっていろいろあるのでしょうけれども、いずれにしても神が、例えばシナリオを書くかのように、この宇宙の全部のシナリオを書いていて、そのシナリオによって全部決定していると考える。因果法則ではなく神が決めているのだ、というようなことになりますから、神学的決定論というふうに呼ばれます。

この二つ、因果的決定論と神学的決定論は、片方は自然科学に通じるような話で、もう片方は神学的な話だからものすごく違うだろうというように思われるかもしれませんが、実は両者はかなり共通性がありまして、それだけは指摘しておこうと思います。その共通性は**二項性**というふうに言っておくことができます。決定ということにまさに関わっていますが、何かが別の何かを決定しているという形で決定を考えているわけで、因果的決定論ならば原因が、その原因とは別の項である結果を決定しているということになるでしょうし、あるいは神学的決定論ならば神が、この人間の世界の出来事を決定しているということになるでしょう。いずれにしても何かが別の何かを決定しているという形をとるところが、この両者の共通性だろうと思います。さて、そうしますと、因果的決定論と神学的決定論はその観点から言えば一つに括《くく》ることができます。まさにその「決定している」ということを、「何かが別の何かを決定している」と考えている考え方としてまとめられます。

＊2　フランスの数学者ピエール＝シモン・ラプラス（一七四九〜一八二七）は、全ての物質の力学的状態と力を知ることができ、データ解析の能力があるような知性が存在すれば、未来は見通せると考え、この想定上の超越論的存在がのちにラプラスの悪魔と呼ばれるに至った。

論理的運命論――ただそれだけでそう決まっている

ここまでは私が考えたい運命論とは違います。区別をつけておくために前置きをしたつもりです。私が考えたい**論理的運命論**のポイントは、因果的決定論や神学的決定論のように二項性にあるのではなく、**単項性**にあります（→スライドI－④）。何であれ、ただそれだけでそう決まっているというところが、因果的決定論や神学的決定論と違う。「決定」というよりも「確定」。それを、二項性と単項性という言葉で表しておこうと思いますが、決定されているという考え方を引きずってはいるんですけれども、あくまでも**ただそれだけでそう決まっている**、という単項性が、論理的運命論の、他の二つとの大きな違いだと思います。

スライドには書いてはいないんですけれども、もう一つだけ違いを言っておけば、因果的決定論と神学的決定論にはもう一つ共通性がありまして、それはある種の**全知性**です。つまりデーモンがすべて知っていたら、あるいは神はあらかじめすべて知っている、というような形で、全知性の部分が、デーモンを出すか神を出すか、あるいは自然科学を出すかでは違うでしょうけれども、全知性を共通項としてもっています。一方、これから問題にしたい論理的運命論はそうではない。「知る」に対して「知っているかどうかは関係がない」というふうに対比さ

●スライドⅠ-④●

決定されている（2）

● 因果的決定論　／　神学的決定論

——二項性：　何かが別の何かを決定している

● 論理的運命論（logical fatalism）

——単項性：何であれただそれだけでそう決まっている

——論理：　排中律（P∨¬P）の利用

——時間：　時間推移　と　時制（過去・現在・未来）

cf.「あらかじめ」

せておくことができます。全知性に対して、**非知性**。無知と言うとちょっと違った意味になってしまうので、「非知性」とでも言っておきたいのですが、**知っていることは関係がない。知っているか知らないかには依存しない**っていう特徴が、むしろ論理的運命論の方にはあるので、その点でも対比させることができるだろうと思います。

　私の話の焦点は論理的運命論の方です。なぜ論理的運命論なんて呼ばれているのかというと、この単項的で非知性を特徴とする運命論が利用しているのが**論理**だからです。排中律[*3]と呼ばれている論理を利用する運命論なので、こんな名前がついています。さらに論理的運命論は、実は論理だけではなくて、「時間」を利用しています。ですから論理を使うし、それからもう一つ**時間**を使っていきます。

この場合の時間というのは、あとでもう少し詳しく述べますが、例えば時間の流れとか時間経過とも言われるような、時間が推移するという時間の側面と、それから時制という区別の側面、過去・現在・未来を区分する、区別するという側面との両方を合わせた時間のことを考えています。そういう形で、この論理的運命論の主張のために「時間」を利用していきます。論理と時間というポイントから、特に論理というところから、論理的運命論という名前がついています。時間が入っているということは、先ほどのもう一つのポイントである「あらかじめ」というところにも関係してくることになります。ここでは、因果的決定論でも神学的決定論でもなく、この論理的運命論の方が話の中心ということになります。ですから問題は、何かが何かを決定しているのではなく、ただそれだけでそう決まっている――しかも、論理と時間によって！――という方向へと、すでに少しだけ話が移動していることになります。

＊3　論理学において、任意の命題Ｐに対し、Ｐ∨¬Ｐ（Ｐであるか、またはＰでない）が成り立つことを主張する法則。

●スライドⅠ-⑤●

ただそれだけでそう決まっている

●論理：　排中律(P∨¬P)の利用

——どんな出来事も、「起こった」か「起こらなかった」かのどちらかである

——「起こった」とするならば、起こった現実は変更不可能

——「起こらなかった」とするならば、起こらなかった現実は変更不可能

——どちらの現実も変更不可能であることに変わりはない

——どんな現実の出来事も、ただそれだけでそう決まっている

論理的運命論で用いられる論理

じゃあ論理的運命論はそういうことを導くのに、どんなふうに論理を利用しているのかと言えば、ごく平均的な形で紹介しておくと、こんなふうになります（→スライドⅠ-⑤）。**どんな出来事も起こったか起こらなかったかのどちらかである。**起こった方をとって、**「起こった」とするならば、起こった現実は変更不可能である。**もう一方をとって**「起こらなかった」とするならば、起こらなかった現実は変更不可能である。**こんなふうに排中律を利用して、だったら**どちらの現実であっても変更不可能であることには変わりはない**じゃないか、ということになります。この変更不可能じゃないかというところから、**どんな現実の出来事もただそれだけでそう決まっているのだ**という単項性にもと

づいた決定、あるいは確定が出てきます。他から決定されているのではなくて、どの任意の出来事をとりあげても結局、それが現実ならば変更不可能なので、確定しているということになるじゃないか、というような議論を持ちだすのが論理的運命論の一般的な形です。

論理的運命論で用いられる時間

ここに先ほど、もう一つの柱、もう一つのポイントである**「必然」**などの様相、あるいはさらに、もう一つのポイントである**「あらかじめ」**という時間も関わってきますので、この点について、あとでもう少し詳しく論じることになりますが、関わっているということだけは確認しておきたいと思います（→スライドI－⑥）。まずは時間がどんなふうに関わってくるのかということの確認です。論理的運命論の主張をしようとする時に、時間がどう関わっているか。それは、**過去の必然性を前提にして**、**そこから未来の必然性を導こうとする**という仕方で関わっていることになります。じゃあそれがどう行われているかを、段階を辿ってみます。

過去の現実は変更不可能であるというのはさっきの話です。もう起こっちゃったので変更不可能であるということです。変更不可能であるということをここでは、**必然性をもつ**というふ

●スライドⅠ-⑥●

起こることは 必然／あらかじめ 決まっている

●時間：　過去の必然性　→　未来の必然性

——過去の現実は変更不可能であり、必然性を持つ

——未来もやがて現在になり過去になる

——ゆえに、過去の現実と未来の現実はベタに連続する

——ゆえに、未来の現実もまた（過去と同様に）必然性を持つ

うに考えているのが出発点になります。つまり変更が不可能だっていうことは、その反対が不可能ということであり、もう不可避だと。ですから「不可避である」という意味合いでの必然性をもつという点を話の出発点にしています。ここで時間が、過去の現実というところでも時間が関わっていますが、その次の段階でも時間が大きく関わってきます。**未来もやがて現在になり過去になるんだ**——ここで先ほど言った時間、しかも時間推移と、過去・現在・未来の時制区分の両方がいっぺんに、**未来もやがて現在になり過去になる**の中で働いていますから——そういう時間がここで、使われていることになります。この二つを合わせると、「未来もやがて現在になり過去になる」ことから、次の「ゆえに」が出てきます。**過去の現実と未来の現実はベタに連続する**のだということになります。前の「なる」というところがポイントです。

「なる」というところがベタに連続することに相当します。すると最初の過去のところに関する前提とその点を合わせて、ゆえに**未来の現実もまた過去と同様に必然性をもつ**。この必然性は先ほど言った「不可避である」という意味です。そういう必然性を結局は、ベタな連続性にもとづいて未来も持つんだと。じゃあ過去もそうだし、未来もそうなのだから、常に必然性をもつということになる。この議論の中では、何かが何かを決定するという形にはなっていないことに注意してください。どんな出来事をとりあげても同じことが言える、という形をとっています。やはり単項性にもとづいた「そう決まっている」（確定）というのが、時間が関わる形でも、出てきていることになります。任意の一つの出来事について言えることですから、単項性です。

あとでここも詳しく見ることになりますが、問題のポイントはこの点にあります。時間というポイントで言うならば、**未来もやがて現在になり過去になる**という考え方です（→スライドI-⑦）。先ほどの**スライドI-⑥**では下線を引いてあります。このポイントに関して確認をしておきたいのは、先ほどの繰り返しになりますが、これは過去・現在・未来の区分という時制と、「なる」で表される時間の推移、あるいはもっと一般的には時間の流れと言われるものの組み合わせに

●スライドⅠ-⑦●

未来もやがて現在になり過去になる

- 過去・現在・未来の区分（時制）
- 「なる」という時間推移（時間の流れ）

- 区分（時制）の相対性・置換可能（視点移動）
- 時間推移の絶対性・ベタ性

なっているということです。その二つの構成要因によってできているのが、「未来もやがて現在になり過去になる」という考え方です。しかもこの二つの要因に関しては重要な特徴があります。それは、時制の区分というのは、「未来もやがて現在になり過去になる」という考え方をする時には、未来も現在になるし、過去になるわけですから、未来と現在とか過去という区分は可変的です。互いに置き換わっていくことが可能です。あるいは未来も現在になって過去になる。逆に言えば、過去になった時も、元はそれは未来だったんだ、という捉え方をしていることになりますから、ある種の視点移動が過去・現在・未来の区分をする時に使われています。ある種の相対性とか可変性とか視点移動という考え方が、そこに使われている。「未来もやがて現在になり過去になる」という考え方の中には、そういう要因が入っています。

それからもう一つのポイントは、もう一つの構成要素である「なる」という時間推移の方です。こちらは今度は、過去・現在・未来という区別とはかなり違うということがポイントだろうと思います。つまり「未来もやがて現在になり過去になる」というなり方、その「なる」という時間推移は時制の区分とは違って、区分の相対性や可変性を持たない。時間推移の「なる」は、何かが別の何かに変わるような、区分が変わっていくようなものではなくて、過去・現在・未来の区別を貫く一様なものなわけです。過去・現在・未来と区別しても、その区分の間でも時間は推移しますから、要は全部を貫いています。そのことを時間推移の絶対性と呼んでおきましょう。あるいは区分が意味をもたないので、そのことを「ベタ性」と呼ぶこともできます。これは私の特殊な言葉使いになりますが——いわばベタに塗りつぶしているようなイメージで使っています。このベタっていうのは、差異がまったくない状態に塗りつぶされているイメージ、時間推移の方は時制区分とは違って、そういう特徴をもつ、と言うことができると思います。

運命論は、こういう特徴をもった時間を利用していまして、それを最初に言った**「あらかじめ」**というポイントの中で確認しておきます。「あらかじめ」という考え方をしていることと、運命論の考え方は繋がっています。なぜ「あらかじめ」という考え方を運命論はするのかというと、

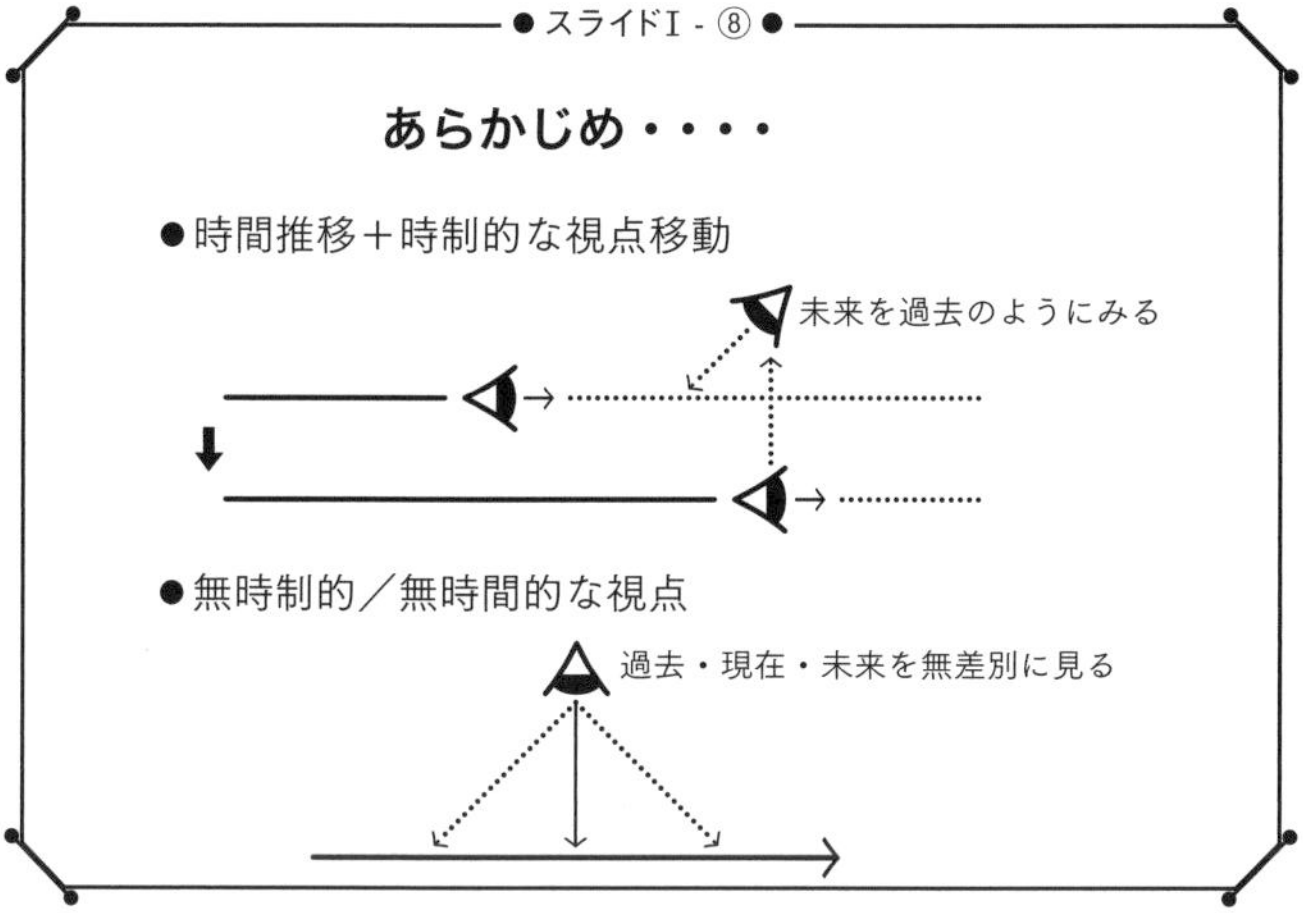
●スライドⅠ - ⑧●
あらかじめ・・・・
●時間推移＋時制的な視点移動
未来を過去のようにみる
●無時制的／無時間的な視点
過去・現在・未来を無差別に見る

こんな考え方として図式化しておくことができます（→スライドⅠ－⑧）。ここには**時間推移**と、時制的な**視点移動**が使われています。運命論側はこの考え方を、反運命論側（未来については運命論は成り立たないという考え方）に対してぶつけます。「やっぱり未来って言ったって結局時間は推移するんですよね」と。しかもそこに時制を使っているんだから、いわば「未来だっていずれ過去になるって考えている」わけだし、「視点移動を使って未来を過去のように見る。未来だって、視点を変えれば過去と同じように見ることができるじゃないか」という発想を運命論側が使っていることになるのが、「あらかじめ」という考え方です。ですから言い方をかえれば、「あらかじめ」という表現の中に、実はこの時間推移と時制的な視点移動を含めた特定の時間の考え

方――運命論へとつながる時間観――が使われているということが分かります。

今日はこちらの方向に話をもっていくつもりはないのですが、時制と時間推移を使う「あらかじめ」という発想の方向じゃなくて、むしろ時制を取っ払って**無時制的に考えたり**、あるいは時制推移なんてそんなの人間の錯覚みたいなものだよね、っていうような方向へと進んで、むしろ**無時間的な方向で考える**という道筋も、別の選択肢としてあるだろうとは思います。そのような別の観点をとった上で運命論に向かうという道筋もあるわけです。ただし今日の話はそちらに向かうのではなく、むしろこれまで話したような、つまり特定の時間観を使っている方向で考えます。「あらかじめ」というのを、スライドの下のほうに書いたように無時制的に考えているのではなく、スライドの上のような仕方で時間を使って考えていることになります。

物語的運命論で用いられる「様相」――偶然と必然(1)――

さて、もう一つの柱であった「様相」の部分です。**偶然**と**必然**という言葉が出てきていました。その部分をもう一度思い出してほしいのですが、Fと表現したいわゆる「運命論」の中には、この偶然や必然という言葉がよく出てきます。ですからこれは「運命論」にとってのキーワードということになるだろうと思います。そのときに、この偶然と必然という様相について、今テーマにしている論理的運命論とは違う仕方で考える道もあると思います。「決定」のところでは、因果的決定論と神学的決定論を出しまして、それらと対比させて、論理的運命論を区別しました。ここでもう一つ、四つ目として、解釈的（あるいは物語的）運命論を出して、論理的運命論をそれとも区別しておきたいと思います。多くの人は、運命論というと、この「解釈（物語）的運命論」を思い浮かべるかもしれません。しかし、私が考えたい運命論はそれではないので、区別をはっきりさせておきます（→スライドI－⑨）。

「解釈（物語）的運命論」も、偶然と必然ということに関わっています。古代ギリシアの考え方としましてテュケーという言葉、概念があります。普通はこのギリシア語の概念は**アウトマトン**と**テュケー**という形で、両方ともある種の偶然に関わる概念なんですが、ギリシアではそれが二つあるわけです。例えばアリストテレスの「自然学」[*4]の中に出てきますし、もっと現代の方で言うと精神分析家のラカンがそれをセミネール[*5]の中だったと思いますけれども扱っています。そういう対《つい》があって、解釈的運命論とか物語的運命論というのはこのテュケーの方に注目します。

アウトマトンと違ってテュケーの方は人間の活動に関わるような偶然で、いちおう訳を分け

● スライドⅠ - ⑨ ●

偶然と必然（1）

- 解釈（物語）的運命論
  ——Τύχη（テュケー）：　些細な偶然事が、ストーリー展開を通じて、重大な意味を帯びてきて、のっぴきならない必然性が顕わになる。

- 「偶然」→解釈（物語）を介して→「必然」化

- 複数の出来事＋ストーリー展開　【人間・意味】
  ——因果的決定論【自然】　　神学的決定論【超越神】

れば「偶然」じゃなくて「運」と訳したりもします。じゃあテュケーというのを「運」とか、あるいは人間の活動に大きく関わる「偶然」ということで何を言おうとしているのかということになります。元々は非常に些細なことで何か偶然に起こったこと、というのがあるとします。だけどそれが人生の展開でもいいし、物語ならストーリーの展開を通して段々に、そのストーリー展開を通じて、最初は小さな偶然事だと思ったものが重大な意味を帯び始めて、その人生にとって、あるいはその物語にとってのっぴきならないある重大な意味を帯びてくる。そののっぴきならなさのことを必然性と考えて、最初は偶然だったことが、もうこれは必然と考えることしかできないような、いわば重みをもってくる。そういう方向を辿る時に、そういうものが「テュケー」と呼ばれている。

ですからギリシア悲劇だとかそういうものの中にはた

くさん出てきますし、代表的なものとしてソフォクレスの「オイディプス王」[*6]がいい例だと思います。分かれ道があって、片方に偶然に行ってみたら男と出くわして喧嘩になっちゃって殺しちゃった。最初は偶然の事故みたいに見えることが、段々に話が展開していって、スフィンクスの謎を解いて英雄になっていって、結局王様になって、というふうに話が進み、結局はそのことが母を娶り、子をなすという方向へつながっていって、自分の目をつぶさざるをえなくなるという悲劇。この最後で明らかになることがのっぴきならない必然性にあたるわけですが、そういう形で、いわば回顧的にストーリーの中で偶然が必然化する。こういうものをテュケーと考えています。テュケーでは、偶然と必然が重なり合い、いわば解釈とか物語を介する形で偶然の必然化が起こるのです。

この解釈・物語というのは「意味」と言ってもいいと思います。意味を介することで偶然が必然化するというタイプの運命論を、解釈的あるいは物語的運命論とでも呼んでおきたいと思います。これは、先ほど出てきた因果的決定論とも違います。いわば因果的決定論が自然の領域に関わるとすれば、解釈的運命論は解釈、意味の領域ですから、しかも物語という非常に人間固有のものが介在するので、人間の領域に関わっているというふうに違いをつけることもできます。神学的決定論が、自然でも人間でもなく、神の領域に関わるのに対して、物語的運命論はむしろ人間の領域に関わるというふうに、三者にそういう区別（自然・人間・神）をつけることもできます。

　ただし、三者には共通点もあるんですね。この共通点というのは、因果的決定論や神学的決定論を一括りにした「二項性」です。解釈的あるいは物語的運命論も「二項性」を共有しています。つまり物語的運命論っていうのも、二つなんて少ないことはないでしょうが、もっとたくさんでしょうけど、複数の出来事を結びつけます。複数の出来事が解釈や物語、あるいは意味を通して結びついてこないと偶然は必然化しない。そういう形で複数の出来事がストーリー展開によって結びつけられます。という意味では、先ほどの因果的決定論や神学的決定論のもつ二項性、より正確に言えば「複項性」と共通しています。ただ結びつける時に、因果法則によって結びつけるのか、物語によって結びつけるのかという違いはもちろんあります。でも共通性があるというふうに括ることもできるわけです。

　私が論じたいのは、こういう複数性の方向の話ではありません。じゃあ先ほどの主要な柱であった論理的運命論に関して、偶然が必然化するとか、偶然とも言えるし必然とも言えるということが、こちらではどう起こるのか。そういう方向に話を進めることになります。では物語的運命論とも違う論理的運命論の話に、もう一回戻りたいと思います。

＊4　古代ギリシアで活躍した哲学者アリストテレス（前三八四年〜前三二二）の代表的著作。内山勝利他編『新版　アリストテレス全集4』（293頁参照）や、田中美知太郎他訳「自然学」（世界古典文学全集16、筑摩書房、一九六六年）などで翻訳版を読むことができる。

＊5　フランスの哲学者・精神科医ジャック・ラカン（一九〇一〜一九八一）の講義録である、『精神分析の四基本概念』第5講「テュケーとアウトマトン」（小出浩之他訳、二〇〇〇年、岩波書店）。

＊6　代表的なギリシア悲劇の一つ。藤沢令夫訳『オイディプス王』（岩波書店、一九六七年）で読める。

論理的運命論で用いられる「様相」――偶然と必然(2)――

先ほど確認しましたように、論理的運命論と解釈（物語）的運命論には、こんな違いがあります。論理的運命論の方は先ほど強調していませんでしたが、排中律という論理を使っていることに加えて、先ほどの一般的な例として紹介したように、**現実に起こる**、現実が入っている

●スライドI-⑩●

偶然と必然（2）

●論理的運命論　≠　解釈（物語）的運命論
- 単項性　　　　複項性
- 論理＋現実　　ストーリー・意味

●二つのうちのどちらでもよい　（二つ性）
→ どちらか一つのみが現実　（唯一性）
→ その一つが実は全てである（全一性）

●可能性　→　偶然的な事実　→　必然化
{○ ○}　　{○ ◎}　　◌ ◎

ということもう一つのポイントです。いわば「論理と現実を使う」。排中律と現実性を主な道具としているのが論理的運命論であるのに対して、物語的運命論は先ほど言ったようにストーリーとか意味という道具を使うことで、偶然の必然化をもたらしています。

さて、論理的運命論の方に話を戻します。論理的運命論がどのようにして偶然と必然を重ねようとするかというと、こういう順序になっていると思います。先ほどの排中律のところを思い出しながら次の**スライドI-⑩**の部分を見ていただきましょう。まずは二つ用意しておいて、二つのうちのどちらでもよいという段階があります。「PまたはPの否定」、という形で出てきた排中律のところを思い出してください。つまり、肯定とその否定という二つがある段階が出発点です。その上で単に論理だけじゃなく現実が加わっているということは、どちらか一つだけが現実だというように、現実が加わります。だから排中律を使っているという段階では「二つ性」が使われているのだけれども、でもそこに現実が入り込むことによって、現実はどっちか一つなので、どちらか一つだけが現実であるという仕方で唯一性が加わる。二つ用意されていても、現実は一つしかない、という形で唯一性に話が移動する仕組みになっています。しかもそこに現実が入っているということを強調しますと、実はどちらか一つのみが現実であるという唯一性では、まだ現実を特徴づけるのには足りなくて、もう一段階先があるというのが、私の議論の一つのポイントです。

それがこの**スライドI-⑩**です。どちらか一つのみが現実だ、と言われた二つのうちから選ばれた現実は、実は二つから選ばれるものじゃなくて、現実はそもそもはそれが全てだという段階が加わります。それを図式的に言うと、**スライドI-⑩**のようなことが起こっていることになります。

最初の、二つのどちらでもよいという二つ性の部分は、いわば可能性を設定しているので、括弧で括っている{○　○}が可能性を表していると思ってください。括弧で括っているっていうことが可能性を表していて、二つを対等に可能性として考えている。しかしそこに現実が入り込んでくるというのが、〔○ ◎〕です。現実が入り込んでくると、一重丸が平等に二つ並んでいるように見えない。現実が入ってくるので、その現実を二重丸で表しておきます。それがちょうど、どちらか一つのみが現実だ、と見えている段階に相当します。その段階では二重丸が偶然的な事柄に見えているかもしれませんが、実はそれが現実だとすれば、むしろ一番右側に書いてある図式 ◌ ◎ に変わります。括弧が無くなっているということに注意してください。括弧が無くなっているということは可能性の中で考えていないということに当たりますから、二つが並んでいるわけがないんです。端的に一つの現実（◎）があるだけです。まったく書かないと分かりにくいんで、点線の丸で描いていますが、もう一方は消えているつもりです。二重丸しかないわけです。というふうに見えているのが三段階目の「現実」に相当し、それが先ほどの、実はその一つが実はすべてだ、それが現実というものなのだ、という段階です。唯一性と区別しておきたいので、全一性という名前をつけています。この考え方では、二段階目の〔○ ◎〕から三段階目の ◌ ◎ のところで、偶然が必然に転化することが生じています。しかも先ほどの物語的運命論とは決定的に違う形で、です。ここには何も「意味」が関わっていません。物語やストーリーは関係ないのです。丸とか二重丸は、いわば任意の出来事でかまわないので。ここでは別の形で偶然の必然化が起こっているということになります。こ

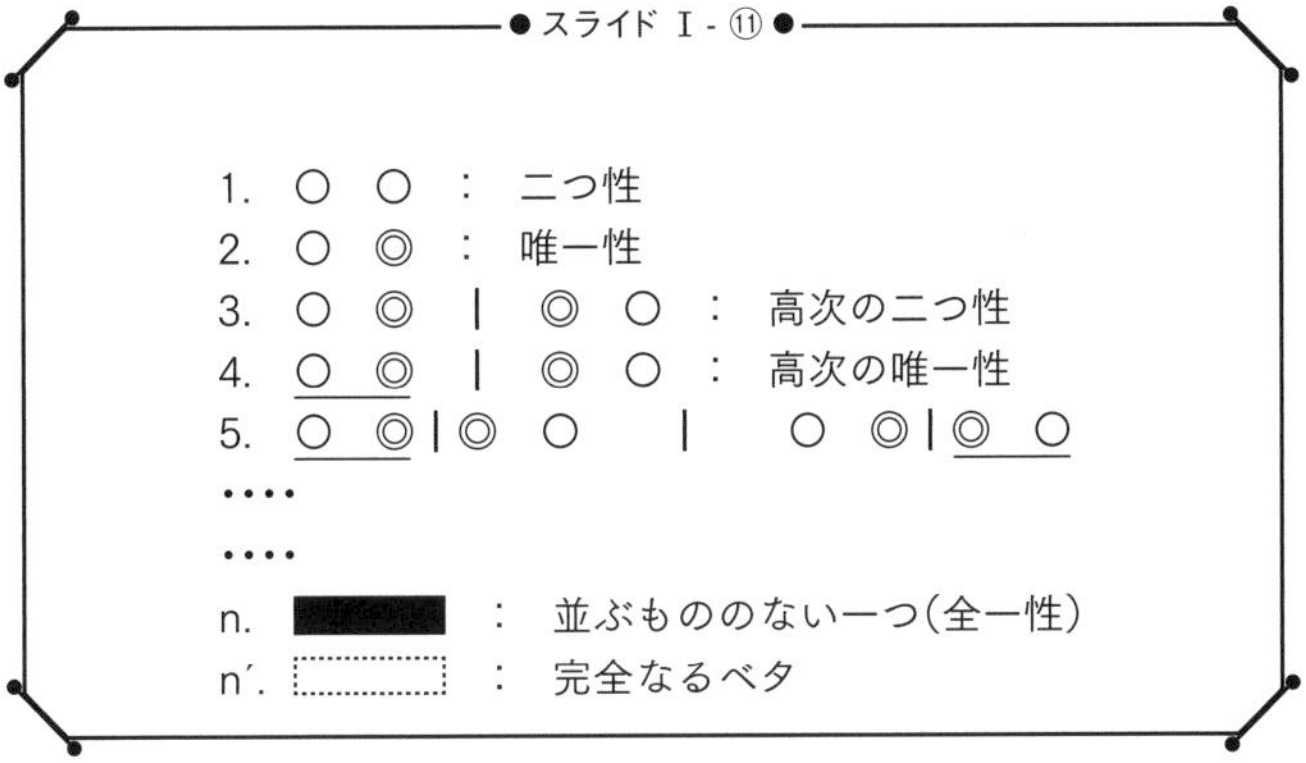
スライド I - ⑪
1. ○ ○ ： 二つ性
2. ○ ◎ ： 唯一性
3. ○ ◎ | ◎ ○ ： 高次の二つ性
4. ○ ◎ | ◎ ○ ： 高次の唯一性
5. ○ ◎ | ◎ ○ | ○ ◎ | ◎ ○
・・・・
・・・・
n. ： 並ぶもののない一つ(全一性)
n′. ： 完全なるベタ

こはもう少し丁寧に見ておきたいので、繰り返した上でちょっと付け加えをします。

「二つ性」と「唯一性」と「全一性」

出発点はこれです（→スライドI－⑪）。二つ性から出発します。さきほど括弧をつけることで可能性ということを強調していたつもりでした。しかし煩雑になるので**スライドI－⑪**では括弧はもう省略していますけど、可能性を考えているということにしておきましょう。左の〇と右の〇の両方の可能性があるよね、という段階が二つ性です。でも現実にはもちろん一つしか選べないわけです。ですからその二段階目の「現実」を二重丸にすれば、現実が入り込むことによって、二つ性から唯一性が出てきていることになります。先ほどはここから一挙に全一性へ進んだのですけれども、本当はそう単純ではない。というのは次のような3や4や5のような段階が考えられるからです。それは、二番目のように右側が現実だろうけど、左側が現実だっていいじゃないかというように、もう一回「二つ性」を、メタのレベルで、高次のレベルで使うことができます。そうすると三番目のように、○ ◎ と ◎ ○ が二つ並んでいることになります。縦線を境に左と右に並んでいるというふうに見れば、これはいわば可能性を高次の段階で考えて二つを並べていることになります。もちろん先ほど1から2に進んだのと同じことが3から4にも起こります。三番目が可能性を高次の段階で考えていることだとすれば、それはあくまでも可能性なのであって、でも現実は一つしかないので、現実はこっちだ、というふうに四番目では片方の下に太い下線を引いています。いわば1から2に行っていることと3から4に行っていることは基本的に同型です。もちろんこの先も、辿ることもできます。より高次に二つ性を、可能性の考え方を戻してくることができます。それが5です。だけれども以下同様で、やっても同じことなので、ここまでにします。ということを踏まえた上で、話を移します。

先ほどの全一性の話につながるわけですが、でもこんなふうに繰り返しがしたいんじゃないんですね、本当は。現実ということで言いたいのはこの繰り返しなのではなくて、この繰り返しを通じて現れている（あるいは隠れている）ことです。４や５では太い下線となって現れていることになりますが、これは二段階目だったら二重丸で現れていることになります。そこに現れたり隠れたりしている現実、あるいは現実の現実性というのは、このｎ番目のように、ほんとうはそれしかなくて、他と並んであるわけじゃないんで、並ぶものがない一つなんです。つまり二つのうちの一つなんじゃなくて、そもそも並ぶものがない一つっていうのが現実であって、それを全一性と先ほど呼びました。それを先ほどとは違う図式化をしておけば、ベタなんて言い方をしたこととも関係があるんですが、こんなふうに黒く塗りつぶしておきます。このｎが全一性に相当する。

ただ、ここにもある種の不十分さがありまして、ｎのように黒く塗りつぶして描くと、背景が白いじゃないか。黒と白でやっぱり二つあるぞと言う人が出てくると思います。そう見られては不本意なので、もう一つちょっとｎ′で付け加えておきます。完全なるベタを表したいので、だったらもうベタの白いままの方がいいんじゃないか。そういう意味で点線は一応描いてはあるものの、ほんとうは点線もないと思ってください。そうすると、ｎ′の方がよりふさわしいでしょう。この完全にベタな「現実」ということが、論理的運命論から本当は引き出されるべきことなのではないかと私は考えています。

●スライドⅠ-⑫●

「決定されている」　→　ベタな現実

- ×何かが、何かを、決定している。
- △何であれただそれだけでそう決まっている。
  （二つ性を介した唯一性）
- ○何であれ、それが全てでそれしかないし、
  ただひたすらにそうである。
  （全一性n　／　ただひたすらn′　＝　ベタ）

「ベタな現実」へ

　ということはですね、「決定されている」ということで出てきたのは、最初は何かが何かを決定しているという形の二項の関係であるかのように見えていたのが、排中律という道具を使うことで、二項性、複項性が後退して、むしろ**何であってもただそれだけでそう決まっている**のだ、という方向へと移動したことになります（→スライドⅠ－⑫）。ただ現実というあり方を重視するならば、まだ不十分であるという意味で三角（△）をつけてあります。まだ不十分なので、もう一歩進んだところを丸（○）で表わしておけば、**結局何であれそれがすべてでそれしかないし、ただひたすらにそうなんだ**というのがベタな現実の姿です。これを現実性として、あるいは黒と白みたいに考えられるのは不本意なので、ベタということを強調しまし

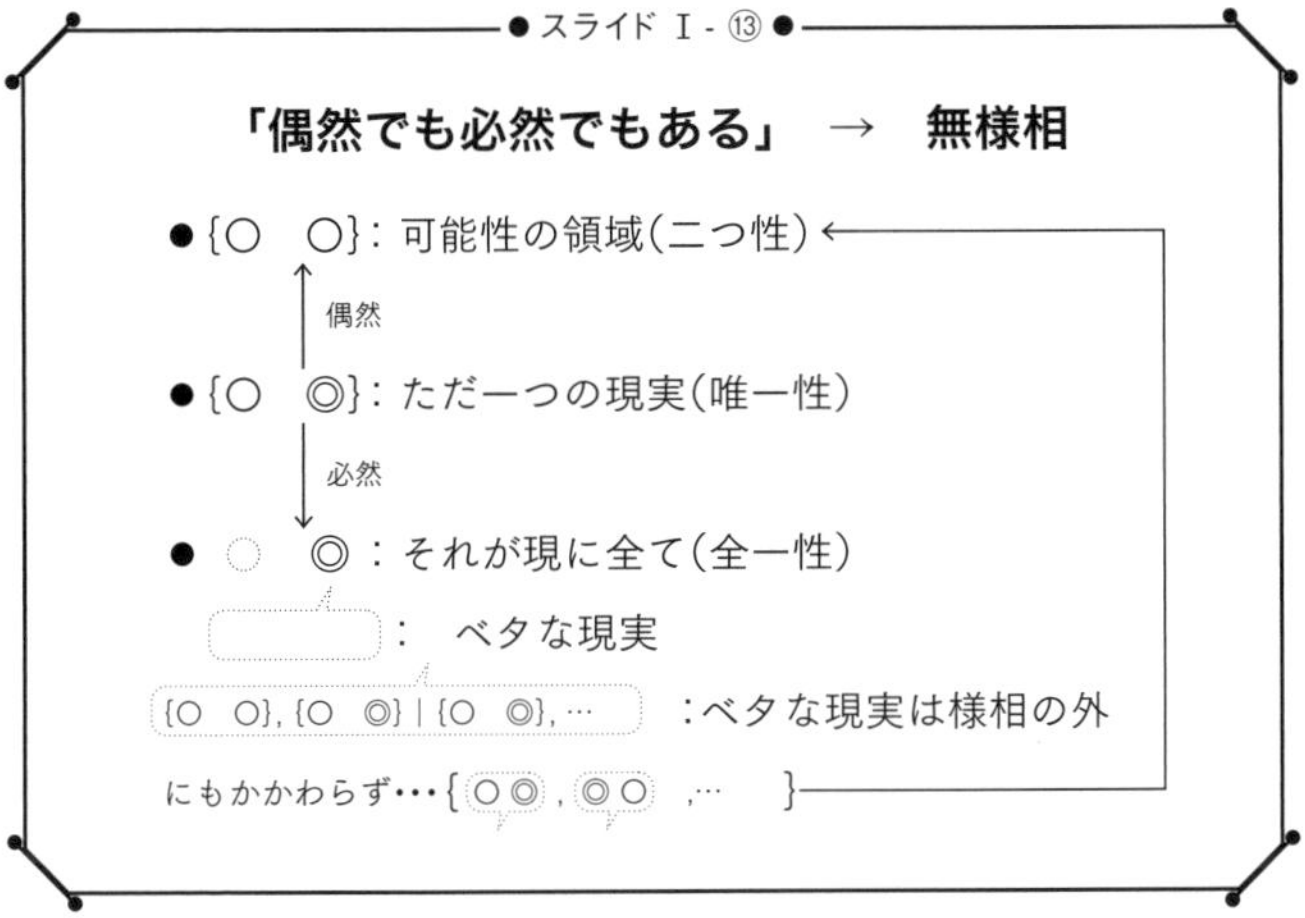
●スライドⅠ-⑬●
「偶然でも必然でもある」 → 無様相
●{○ ○}：可能性の領域(二つ性)
偶然
●{○ ◎}：ただ一つの現実(唯一性)
必然
● ○ ◎：それが現に全て(全一性)
：ベタな現実
{○ ○}, {○ ◎} | {○ ◎}, …
：ベタな現実は様相の外
にもかかわらず…{○◎, ◎○ ,… }

て、「ただひたすらにそうだというだけ」という段階でベタな現実というものを考えています。実は「決定されている」というのはこのことへ向かうべきだったのではないか、これがむしろ運命論が完璧な形で進んだ先の、行きつくところではないか、というのが私の一つの主張になります。

それから偶然・必然ということがもう一つの柱でしたから、それがどういう方向へ形を変えていることになるのか。移動し、変形したことになるのか。それを、**スライドI－⑬**でまとめてみます。括弧の｛ ｝が可能性を表していて、そこに現実が注入され、その時には二つのうちの一つという現実、まあ二つである必要は本当はないんですよね。排中律を使うので、肯定と否定で二つになるだけです。複数のうちの一つの現実でいい。

だけど実は現実って、そんなふうに複数並んだうちの一つというわけじゃなくて、「それが現にすべてだよね」っていう段階がある。上向きの矢印のように可能性に引きつけて考えると偶然に見え、下向きの矢印のように一つしかない、ということに引きつけて見ようとすると必然化する。だから偶然と必然が何か運命の場面では一つに重ねられるかのように、あくまで「かのように」、使われることになっていたのが途中の段階です。

しかしこれをもっと徹底するならば、私はむしろこう言いたい。先ほど言ったように、全一性っていうのは、結局ベタな現実のことですから、先ほどの、最後の点線だけ残っている白い段階、あれがベタな現実なので、こんなふうに点線の吹き出しで表しておきます。これって結局、最初の括弧付きで考えている、あるいはそこに二重丸を注入する、みたいなことは全部ベタな現実の中で起こっている話であって、図式化するならば、こういうふうに書いた方がいい。あくまでもベタな現実の中で可能性をいくつも考えたり、あるいは現実のことを特に重視せずに二つを一重丸で考えてみたりとか、これ全部、ベタな現実の中で起こっていることに相当する。だったらこの点線の吹き出しみたいな絵で表しているベタな現実は、括弧﹇﹈で表される可能性という様相の中にはないわけです。そういう様相の中にない、むしろ様相の外なわけだから、これは偶然でもあり必然でもあるんじゃなくて、様相の外なので、偶然でも必然でもない、あるいは**無様相**であると。様相と関係していないのがむしろベタな現実である、というところへと向かうべきではないか、というのがスライドのタイトルの「偶然でも必然でもある」↓無様相」の矢印（↓）の意味に当たります。

ただそこに付け加えておかなくちゃいけないのは、ベタな現実はそうなんだけれども、でもベタな現実をベタな現実のまま捉えるということは、それは完全には成功しないだろうということです。ベタな現実をベタなまま正確に思い浮かべるということ、そんなことはできないので、むしろベタな現実はベタな現実ではなくなって、「転落」という言葉を私は本の中で使っていますが、転落すると思うんです。その転落を表現しているのが**スライドI－⑬**の「にもかかわらず」のところです。いわば可能性の中に、もう一回ベタな現実が、可能性の中で考えられるかのように埋め込まれます。その埋め込まれる時には、右が二重丸という内容の現実だとか、左が二重丸という内容の現実だとかという形で、内容をもった形で、もう一度可能性の中へと埋め込まれます。というのが「にもかかわらず」のところです。

でも、そうすると、最初の可能性の領域の話に戻ってしまう。ですから、さらに、現実ってのはそういうものじゃないよねっていう、先ほどの話をもう一度繰り返すことになります。これはある種のループというふうに言ってもいいだろうと思います。無様相のところでゴールというわけではなくて、ただベクトルの方向としては、運命論を徹底するということは無様相へと向かうベクトルをもっているだろう、という仕方で無様相の現実を取り出したことになります。ベタな現実もベタなまま思い浮かべることなんかできないので、ある種の内容をもってくることになります。

絶対現実と相対現実の拮抗

その点を強調すると、こんな言葉を導入しておいてまとめることができます(→スライドI－⑭)。つまりベタな現実の方を**「絶対現実」**と呼んでおけば、――点々の吹き出しみたいなやつですが――絶対現実は**内容をもつことに依存するものではないし**、先ほど「無様相」なんて言い方をしましたが、**様相のネットワークのうちに位置づけられていない**。「全一性」という言い方で、あるいは「ベタ」という言い方でも表しましたが、**それがすべてでそれしかない**。つまり外部はない、というあり方が「絶対現実」です。無内包で無様相で全一的な現実、あるいはその現実の現実性、これを「絶対現実」と呼んでおきます。でもそれはそのまま認識できるものではないので、認識される現実は、どうしても**相対現実**へと転落します。どう転落するかというと、

● スライド I - ⑭ ●

絶対現実／相対現実の拮抗

●絶対現実

——内容を持つことに依存しない

——様相のネットワークの内にない

——それが全てでそれしかない（外部がない）

——【無内包で・無様相で・全一的な】現実（性）

●相対現実

——特定の内容によって満たされ

——可能性の一つとして位置づけられ（他であり得る）

——認識・体験されうる

——【有内包で・様相化され・認識論的な】現実（性）

特定の内容によって満たされる形の現実になり、可能性の中で考えるならそのうちの一つとして位置づけられる。つまり様相ネットワークの中に位置づけられるということです。内容をもっていますし、全一的でもなく**他でもありうる**もので、**認識したり、体験したりすることができる**現実です。それを「相対現実」と呼んでおくことができます。要するに、「ベタ」ではなくなって、差異を持つ現実になる。ですから、これは有内包で様相化された認識論的な現実であると言うことができます。この両者のいわば拮抗に当たるのが先ほどのループです。先ほど、もう一回もとに戻って、しかももとに戻っただけで終わりじゃなくて、もう一度現実ということを強調すると、……という形でループを言いました。そのループに相当するのがいわばこの**絶対**

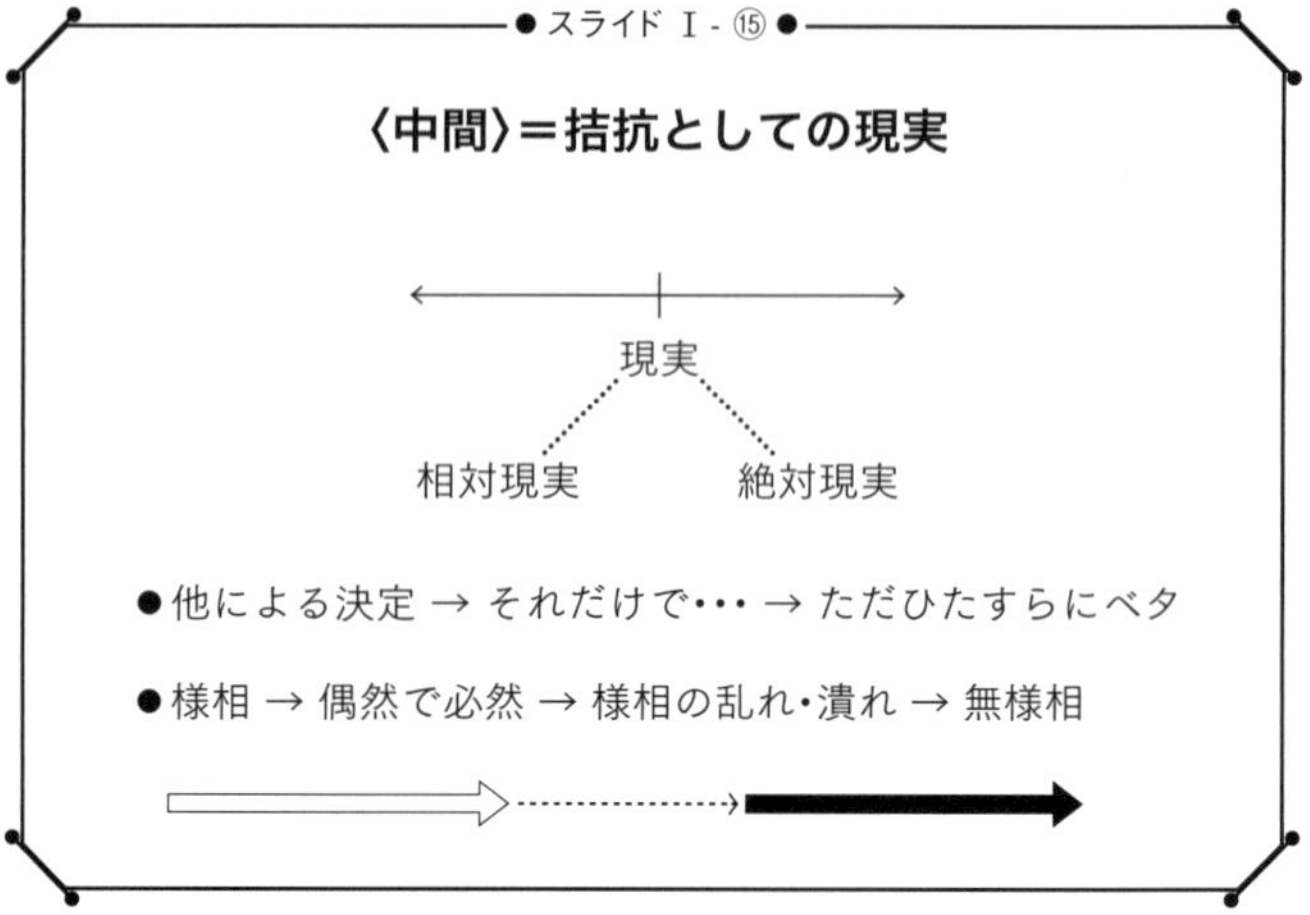
●スライド Ⅰ - ⑮●
〈中間〉＝拮抗としての現実
現実
相対現実
絶対現実
●他による決定 → それだけで・・・ → ただひたすらにベタ
●様相 → 偶然で必然 → 様相の乱れ・潰れ → 無様相

現実と相対現実の拮抗です。

イメージしておくために、こんな図を加えておきますと（→スライドⅠ－⑮）、現実って一言で言うけど、実はこの両者の働きの拮抗点に当たるのが現実です。それを私は「中間」というような言葉でも表しています。「中間」というのはその拮抗のことを表していますから、静的な「中間」ではなくて、動的な力の緊張としての「中間」です。そんなふうに現実というのを捉えることができて、全体としてはこんなふうに話が移動してきたことになります。他による決定に関しても様相に関しても**スライドⅠ－⑮**の下半分のように話は移動してきたことになります。いわば最初の方の白い矢印あたりで因果的決定論という話があったのに対して、むしろそれを黒い矢印の方に移動していくような議論、これが

●スライド Ⅰ-⑯●

「あらかじめ」の成立と不成立

- 「あらかじめ」の成立　➡運命論へと繋がっていた
  - ――時間推移＋時制的な視点移動
  - ――無時制的／無時間的な視点
- 「あらかじめ」の不成立➡反運命論的か？
  ＝「時制的な視点移動」の不成立
  1. 時間推移のみ
  2. 視点移動の不可能な時制【未来】

私が「運命論を移動させる」とか、「書き換える」という形で行っていたことになります。もちろんここにはさらに、先ほどのループする話が加わることによって、拮抗とか中間という話が加わったことになります。

「あらかじめ」の不成立へ

もう時間があまりないので、ここから先、最初に言った急勾配に進む話へと入りますが、もう一つのポイントが「時間」だったことになります（→スライドⅠ－⑯）。ここでどういう話をしたいかというと、「あらかじめ」というのはさっき言った通り時間が関係しているわけですが、「あらかじめ」っていう考え方をするから運命論になってしまうので、「あらかじめ」という考え方をしなければ運命論にならなくて済むのではないかと思うかもしれませんが、実はそうではない。「あらかじめ」を認めたとしても、逆に認めなかったとしても運命論につながってしまうという議論をしたいのです。「あらかじめ」が成り立たないっていうのはどういう考え方なのか。これもさらに二つに分かれるんですが、つまり「あらかじめ」という考え方が成立するためには時制的な視点移動を使うことになります。その時制的な視点移動の「できなさ」のほうは二種類考えられます。時制そのものをキャンセルする方向性（1の時間推移のみ）と、未来という時制を特別視する方向性（2の視点移動の不可能な時制）という二つの方向がありえます[*7]。

＊7　第3章「時間と現実についての補遺」で詳しく説明する。

ここでは、残り時間がないので二番目の方向だけをちょっと見ようと思います（→スライドI－⑰）。つまり時制は使うけど、**未来という時制はものすごく特殊な時制なので、視点移動ができない**、というふうに考える方向です。未来に視点移動なんてできないのだ。なぜか。例えば「未来って未知なので視点移動はできません。知られていないのだから視点移動は不可能だ」というような方向もありえるかもしれませんが、これではまだ弱いと思います。というのは「未知」というのは知られていない、未だ知られていない、というのが「未知」なので、それは認識論的

●スライド I - ⑰●

2. 視点移動の不可能な時制【未来の特別視】

- 未来はまだ「未知」なので、視点移動不可能
- 認識論的な不可能性 ≠ 存在論的な不可能性
  ——むしろ「未知」（未だ知られない）は、
  「知られないだけで、未来はある（やがて分かる）」ことを含意
  ➡存在論的には「あらかじめ（ある）」はなお成立
- ＜　存在論的にも「あらかじめ（ある）」は不可能
  ＝　未来は「未知」ではなく、「無（非知）」
- 無としての未来：　「あらかじめ」は不成立

な「できなさ」です。しかしそれとは違う存在論的な「できなさ」まで未来に読み込むべきだというのが、私の進みたい方向です。**「未知」では、まだ知られていないだけであって、まだ知られていないということは、やがて分かる**ということを含意します。やがて分かる、という認識を確保していることになります。という意味で結局、**「未来はある」**ということを、ある意味では「ある」ということを含意してしまうのが「未知」です。だから弱い。むしろ未来を非常に特別な形で、「ない」と考えたいならば、存在論的に「あらかじめ」ということが成り立たないような、「未知」ではない「非知」まで行く必要がある。未だ知られていないんじゃなくて、知がそもそも成り立たないのです。それは未来がまったくの無だからです（→スライドI-⑱）。

●スライドⅠ-⑱●

無としての未来

● 時間推移(=ベタな現実)　と　無としての未来
――「あらかじめ」の不成立　=　決定的な「隔絶」
――過去・現在と未来との決定的な「無関係性」

● 決定的な「断絶」「無関係性」に基づく運命論
――「ケセラセラの運命論」:
今と未来とは根源的に無関係で、瞬間瞬間は独立である。

● 「あらかじめ」の不成立→ケセラセラの運命論

だから未来をまったくの無として考えるという方向で進めば、未来を非常に強い特別な仕方で考えることで、現在までと未来を決定的に断絶する無関係なものとして考えることができるようになる。実はそれって、運命論が成り立たないのではなくて、運命論につながるんです。「ケセラセラの運命論」と呼んでおきますけど、今と未来ってつながってないよね、関係ないので気にする必要はない、というタイプの「ケセラセラの運命論」。ここから、実は、瞬間瞬間は独立であるというような方向へ向かう運命論が導かれます。ですから、何が言いたいのかというと、「あらかじめ」が成立しないという方向をとったとしても、別種の運命論につながるということです。

●スライドⅠ-⑲●

三つの柱に基づく変形・移動

1. 現実論
   - 全一性／唯一性／二つ性
   - 絶対現実／相対現実
   （それが全てでそれしかない、ただひたすらな現実／他でもありうる現実）

2. 様相論
   - 様相のネットワーク（可能・不可能・偶然・必然）　と　現実性
   - 偶然・必然　→　様相の乱れ・潰れ　→　無様相

3. 時間論
   - 連続性：現実のベタな時間推移｛過去・現在・未来｝
   - 断絶性：現実のベタな時間推移｛過去・現在｝→｜未来

今日の話はこの三つの柱にもとづいて、いわゆる運命論を少々移動させて変形する、という議論をしてきたことになります（→スライドⅠ－⑲）。

最初に示したこの三つが、三本の柱を通して、こんな形で変形されたことになり、その変形を表すのに、途中経過を含めて「あるようにあり、なるようになる」という表現が適切なんじゃないか、という議論を私は本の中で行っていることになります（↓スライドⅠ－⑳）。

以上、私の発表でした。

●スライド Ⅰ-⑳●

変形・移動（運命論の書き換え）

- 「全てのことは、あらかじめ決定されている。」
- 「起こることは、必然的に起こる。」
- 「偶然に見えても、実は必然である。」

⬇

- 「あるようにあり、なるようになる」

——絶対現実と相対現実の〈中間〉・拮抗

——時間の連続性と断絶性の〈中間〉・拮抗

森岡正博のコメント

森岡　入不二さん、ありがとうございました。今の話を受けて私の方からコメントを少ししたいと思います。

今の入不二さんの話、入不二ワールドでありまして、そこへ入れるか入れないかということが、大きな分かれ道です。実は今日の発表をお聞きする前にこれからお見せするスライドを作りました。ですので今日の話と被る部分もあるし、あまり出なかった部分もあるんですけれども、とりあえず進んでいきたいと思います。

その前に今日のお話、一体どういう内容だったのかというと、例えばですね、今日我々スタッフはこの部屋に五時半くらいに集結しました。そして今日は一体何人来るんだろうと、この部屋の定員が八〇人なんですけど、ひょっとしたら八〇人来ないかもしれないとも思いました。その時には可能性がたくさんあったわけですね。フタを開けてみたら一〇人しか来なかった、八〇人ぴったり来た、百二十人来たっていう場合があって、どれになるか不安でたまらなかったんです。ですから後ろに予備の椅子を並べました。それで今、数えたら大体八〇人くらいなんです。たくさんあった可能性が、ひとつの現実に絞られた。まさに「あるようにあり、なるようになった」んですね。

入不二さんは、相対現実と絶対現実が同時に成立すると言っている。まず絶対現実というのは（会場を手で指し示して）「これ」なんですよ、「これ」。「これ」としか言いようがない。「これ」が絶対現実。でも「八〇人いますよね」っていった瞬間に私は相対現実を語ったことになります。「一〇人」でも「百二十人」でもなく「八〇人」って言っちゃってるからですね。それに対して、絶対現実の「絶対」っていうのは、もう「これ」としか言えない。「これ」も本当は言っちゃいけなくて、こういう感じなんです（再び会場を手で指し示す）。というようなことが問題になっているんだと思います。

●スライドM-①●

コメント：本の全体について

- 現代日本哲学のひとつの到達点
  ——国外にも紹介したい
- 最初から最後まで、自分自身の
  哲学的思索を一貫して展開している。
  ——21世紀日本の哲学書として古典になるだろう
  ——「哲学書はこういうふうに書こう！」というひとつのモデルとなる
  ——西田―九鬼―大森のラインの日本哲学の展開とも見える
- 入不二オリジナリティ
  ——今回は、入不二色の純度がとくに高い
- 私と問題意識がかなりかぶさって興味深い
  ——『まんが 哲学入門』（あとで紹介します）

本の全体について

まずこの本の全体としては、現代日本哲学の一つの到達点だと思います（→スライドM－①）。私のつたない英語で国外の方に紹介していきたい。将来古典になるだろうと思いますね。何がすごいかって、最初から最後まで自分自身の哲学的思索を一貫して展開していて、こういう本、あんまりないです。「カントの何とかについて」のような哲学書はたくさんあるんですけれども、こういうのはあんまりないですよ。大森荘蔵*1さんがこういう本をずっと書かれてきましたけれども、そのラインなのかもしれません。あと、入不二オリジナリティ、今回も非常に濃いですね。そして、森岡とも問題意識がかなり被さっています。

●スライドM-②●

疑問点１　「現実」はどこから語られているか？

- 本書の前半のテーマは「現実」である。
- 「現実」
  ——唯一性・・・他でもあり得たが、今はたまたま「これ」である
  　↓　通路
  ——全一性・・・世界が有無を言わせず「これ」である
- 「現実」はどこから語られているか
  ——全一性の「現実」は、どの視点から語られているのか？

  ——全一性の「現実」は、誰の現実なのか？

  ——この問いは「人称性」「〈私〉性」の問題を中核に含んでいるのに、本書でそれが付帯性とされているのはなぜか？

「現実」はどこから語られているか？

入不二さんに最初にお聞きしたいのは「現実」とは何かということですね（→スライドM－②）。入不二さんのさっきのスライドだと後半部分にありましたけれども（→スライドI－⑭以降）、現実って何なんだということをちょっと考えてみたい。この本では前半にそれが書かれていますけれども、現実には相対現実と絶対現実の二つがある。相対現実は唯一性のことです。他でもありえたが今、八〇人いる。百二十人かもしれなかったけど今、八〇人いる。八〇人いるというのが唯一の現実の内容になっています。それとは別に全一性という現実のもう一つの側面があります。それは人数が八〇だろうが百だろうが関係なく、「こうなったからこうなった」

というような現実の側面のことです。この唯一性と全一性の両方が緊張関係を保っているということが現実の本質だ、というのが入不二さんの議論ですね。そうなんだけれども、これを聞いた時、私の一番大きな疑問は、「この現実はどこから語られているのか」ということですね。つまりこの現実は、やっぱり入不二さんの視点から語られているんじゃないのかという疑問が拭えないんですね。だってこの唯一性、全一性っていう現実は、誰の現実なんですか？　私は今、私なりに論点を説明しましたけれども、私がこうやって説明していること自体が私の現実なんであって、入不二さんの現実とは違うんじゃないですか。こうやって考えてみると、実は入不二さんの運命論というのは、様相の問題と時間の問題は語られていますけれども、決定的に抜けているものがあるのであって、それは人称性なんじゃないか。つまり「私とは誰か」みたいな話ですよね。それがこの本の中で、あるいは入不二さんの議論の中で回避されているのではないかというのが、私の第一番目の疑問です。

必然性と偶然性

2番目は、必然性と偶然性についての疑問です（→スライドM-③）。今日はあまり詳しく話

●スライド M-③●

疑問点2　必然性と偶然性

● 「必然性」についての疑問

- 「論理的な必然性は、「現にそうである」（現実性）を必ずしも保証しない」(p.124)
- 「論理的な必然性」ということで、何が想定されているのか？
- 「存在を含む必然性」は、「現にそうであるという現実性」を導くのかどうか？

（1）神の存在証明：「神は存在を内に含むことは必然であるから、神は現に存在する」→　これは疑わしい

（2）世界の存在証明：「世界が無ではないことは必然であるから、世界は現に存在する」→　これは真では？

（3）私の存在証明：「私が存在しないことは不可能であるから、私は現に存在する」→　？

されなかったんで、私の口から説明するのはすごく難しい。本の中では、「論理的な必然性」は「現にそうである現実性」を必ずしも保証しないと書かれているんですけれども、これって本当にそうなのかなという疑問があります。例えば神の存在証明とかありましたよね、これは疑わしいとみんな思うはずですが、他方で「世界が無でないことは必然だから、世界は現に存在する」っていうのは真だと思いません？

先ほど入不二さんのスライドI-⑬に必然性と偶然性の図がありました。唯一性というただ一つの現実を、上の可能性の方へ向ければ偶然性、下の全一性の方へ向ければ必然性だと。「運命すなわち現実というのは必然と偶然の交錯である」というふうに本にも書かれています。

実は私も、同じようなことを考えたことがあって、『まんが 哲学入門』[*2]という本を書いたんですけれども、その中でこういう議論をしました（→図1）。まんまるくんという左側の人物が先生にいろいろ聞いていくんです。今日のことを例に取ると、「世界は偶然なのか？ 必然なのか？」と考えた時に、ここに八〇人が集まっているのは今からすれば必然じゃないですか。でも数時間前から見れば、他の可能性もあったわけなので、八〇人というのは偶然だとも言えるのですよ。「どうなっているんですかー」とまんまるくんは先生に聞きます。そうすると、先生は、「確かに矛盾みたいに見えるけれども、こんなふうに考えてみたらいいんじゃないの」と言う。つまり「世界の存在の必然性が偶然に選ばれたと考えてみるとすべて解けるんじゃないのか」と先生は言うんですね。

と同時に、まったく逆の言い方も成り立ちます。つまり、世界が存在するという奇跡が必然的に選ばれたとも言えるわけです。つまり奇跡というのは偶然ですよね。私が今ここに存在しているのは

●図1●

●図2●

偶然で奇跡だけれども、その一方で、私が今ここに存在しているのは必然でもあるわけで、つまり奇跡が必然的に選ばれ続けているというのがこの世界の本質じゃないのか、というようなことをこの漫画では考えました（→図2）。

そして、先生はまんまるくんに向かって、「きみは、きみ全体が「避けようのない奇跡」なのです！」と言うのです（→図3）。この「避けようのない奇跡」という概念は、なかなか良い概念じゃないかと思っているんです。

先生はまんまるくんに言ってあげます。「いまどんなに苦しくても、絶望に陥っていても、みんなから認められなくても、消えてしまいたくても、そんなきみの存在全体が、「避けようのない奇跡」として生まれ出たという事実は動きません」と（→図4）。

●図3●

入不二さんから見た時に、これらの言葉は一体どう見えるのだろうというのをお聞きしてみたいです。相対現実・絶対現実が拮抗しているとはこういうことなんじゃないのかという気もするんだけど、入不二ワールドはなかなか奥が深いので、ちょっとどうなのか聞いてみないと分からないですね。お答えはまだ全然聞いていないので、入不二さんがどう答えるかは分かりません。

●図4●
これは「相対現実」のことなのか、
それとも「絶対現実」のことなのか?

可能性と潜在性

3つ目の疑問点は可能性と潜在性についてです（↓スライドM－④）。実は潜在性の問題は今日の入不二さんのスライドにあんまりなかったので、今ちょっと困っているんですけれども、本を読むとここでつまづく方が結構いらっしゃるんじゃないかと思うんですね。私もつまづきました。どう言えばいいんだろうな。入不二さんの議論として、今実現していないけど実現

●スライドM-④●

疑問点3　可能性と潜在性

● 入不二の「可能性」と「潜在性」は独特である

● 「可能性」について

・ 可能性が形作る世界＝「可能世界」は、「絶対現実」とは決して接触しない。
　→　「可能世界」が「絶対現実」に〈なる〉ということは起きない。

・ しかし、可能性についての言明・文章は、絶対現実の中で生起する。
　そしてその可能性についての言明・文章は、可能世界を〈指し示す〉。
　→　この意味では、可能世界は、指し示すという関係で絶対現実と接触している。

＊「なる」という形で接触することはないのに、「指し示す」という形で接触する——
　ということをどう理解したらいいのか？

することの可能な世界、すなわち可能世界があるのだけど、可能世界とこの現実は交わらないというのが、入不二さんの根本的な発想のようです。可能世界が現実になるということは起きないと入不二さんは言っています。ところが、可能世界について我々はいま語っているわけです。現実世界の中で可能世界のことを語っているから現実世界と可能世界は接触していますよね。切れてないじゃないですか。

「森岡はカエルである」という文章を考える

これはどう考えたらいいんでしょうね。例えば「森岡はカエルである」という文章を考えます（↓スライドM－⑤）。私はカエルじゃないですけどね。

●スライドM-⑤●

● たとえば「森岡はカエルである」という文章を考えてみる。

・絶対現実では「森岡は人間である」。
そして「森岡がカエルである」ような可能世界はある。
そして、バイオテクノロジーによって「森岡がカエルである」ことが実現したとき、
しかし、「森岡がカエルである可能世界」が「絶対現実」に〈なった〉のではない。
絶対現実と可能世界の切断。

・「森岡がカエルである」という文章は、絶対現実で生起している。
このとき、「森岡がカエルである」という文章は、「森岡がカエルである」ような
可能世界を〈指し示す〉。このとき、その〈指し示し〉において、
絶対現実と可能世界は接続されている。絶対現実と可能世界の接続。

＊ → ???

・(実は、私は入不二説(現実と可能性の切断)に基本的に賛同。というか、
可能世界意味論について同じようなことを最近考えていたので。論文にします)

現実には森岡は人間です。だけれどもバイオテクノロジーが進んでいて森岡がカエルになれるような可能世界は想像できます。そのような状況がこの世界で実現することだってひょっとしたらあるかもしれない。その時に何が起きるのかというと、入不二的に考えるとそれは森岡がカエルになれる可能世界が現実になったわけではないのです。なぜなら可能世界と現実は切断されているはずだからです。だけれども、「森岡はカエルである」という文章は今、ここで成立していますよね。私が、今、ここで、それを言えているということはこの現実において可能世界が表現できているわけで、この二つは接続しているじゃないですか。切れているのに接続しているってどういうことですか、というのを、入不二さんの口から聞いてみたいです。

●スライドM-⑥●

●潜在性について

——入不二の潜在性は、まずは排中律の不完全性から出てくる。

——「「P」あるいは「Pでない」」によっては、
絶対現実をべったりと覆い尽くすことはできない。
なぜなら「「P」あるいは「Pでない」」によって
顕在的にあぶり出されてない領域が残っているから。
それは無限後退する。この、顕在的になっていないものを「潜在性」と呼ぶ。

——「現実こそ、ありありと現われているもの（現前するもの）だけではなく、
現に働いているが顕わにならない潜在的なものまで含む全体だからである」（p.53）

——現実＝顕在性＋潜在性

——アリストテレスのデュナミス（可能態・潜在態）や、西田の絶対無の場所や、
ポランニーの暗黙知とも（同じようだが）違うみたい。

潜在性について

あと、これは入不二さんの今日の発表になかったのであんまり言ってもしかたないんですけれども、入不二さんは、潜在性という概念を可能性とは別のものとして捉えています。つまり、「今、暑いか暑くないかのどちらかである」という言明で宇宙は全部記述できるかというとそんなことはなくて、「暑いか暑くないかどちらかだよね」というのは正しいけれども、その時に「白い」とか「赤い」という性質は言及されていませんよね。だからこの言明において色という性質は常に背景に潜在的に退いてしまう。色について語ろうとして、「今、この部屋は暑くて白い」と言ったとしても、「固い」とかは表現できていないでしょ。だから何を表現

●スライドM-⑦●

●潜在性については、むしろその対義語の「顕在性」について疑問というか自問がある。

――「森岡は人間である」というのは現実であり、顕在性であろう。

――しかしほんとうにそうだろうか？
我々は、ほんとうに顕在性を記述できるのだろうか？

――さらに言うと、「森岡は人間である」という記述は、実は、
複数の可能世界の記述であり、けっして現実の記述ではないのでは？
どこまでその記述を絞り込んだとしても
（「森岡は人間であり、男であり、50代であり・・・・」）
それは可能世界の記述の外部には出られないのではないか。

――つまり、現実というのは、実は記述できないのではないか。

していっても、顕わにしていっても、常に潜在的なものが背景に退くので、全体を記述することはできないということを入不二さんはおっしゃっていて、これは大変面白い。

実は、現実は、顕れているものと顕れていないものからできているんだよね、みたいな議論を入不二さんとちょっとしたことがありますが、その時に私は顕れていない方じゃなくて、むしろ顕れていることの方がすごく気になっていて、これを入不二さんはどうお考えなのか。スライドのこの辺（**スライドM－⑥、M－⑦**）は全部もう飛ばしますけれども、私は、結論から言うと、入不二さんのおっしゃるような現実というのは実は記述できないんじゃないかっていう直観があって、何を記述してもそれは全部可能世界になっちゃうんじゃないか。つま

● スライド M- ⑧ ●

疑問点４　未来と過去はどう同じでどう違うのか？

● 本書の後半のテーマは「到達不可能物」である。
・他者としての「神」、カントの「物自体」
・それが変化・生成の内に置かれたときの作動
・というふうに考えてよいか？

●「なるようになる」とは、「どうなるのか分からない。ただ、そのようになる」という意味で運命論。

り「私は男で五七歳で早稲田大学に勤めて……」と無限に連言を重ねていったとしてもそれは現実を記述しているんじゃなくて、そういうことを要素として含む可能世界の記述をしているだけなんであって、現実というのはまったく語れないんじゃないか、みたいなことを思っているんですけれども、入不二さんはどう思うのかな、ということですね。

未来と過去、書名の英訳

最後、ぶっ飛ばしていきますけれども、未来と過去のことです（→スライドM－⑧）。入不二さんは未来と過去についていろいろと議論している。

こんなことを私は『まんが 哲学入門』の中で考えて

いました。つまり、「いま」というのがあって、これは絶対現実にすごく近いのだけれども、「いま」というのは相撲の土俵みたいなもので、その「いま」という土俵の中で「過去」と「未来」が湧き上がっているというふうに時間を捉えたらどうかという議論をしました（→図5）。それを「いま湧き上がる過去」と「いま湧き上がる未来」と呼びました。この二つは、「過去それ自体」「未来それ自体」とは別の概念です。

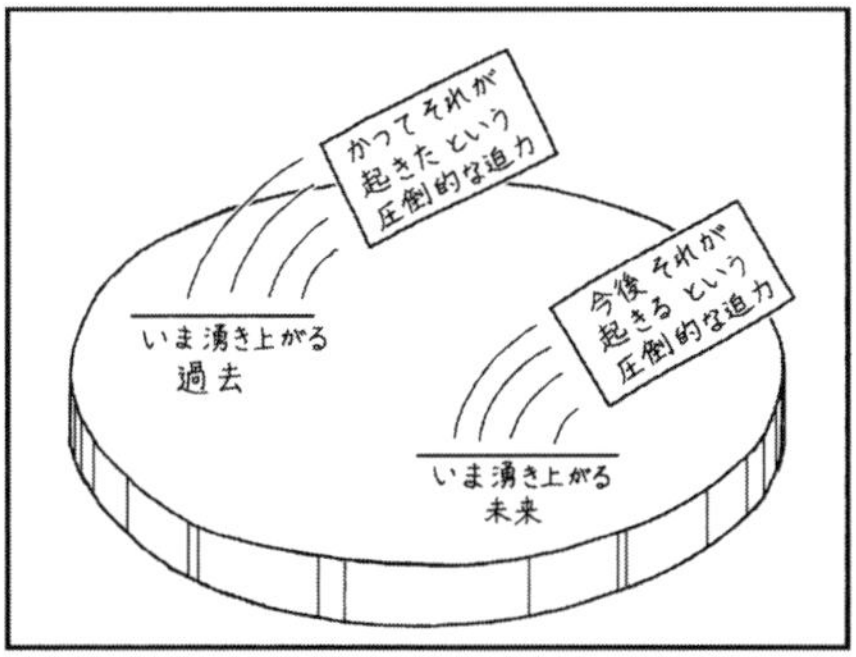

●図5＝「いまの土俵」●

そして、「いま湧き上がる現在」と「いま湧き上がる未来」は、我々がすでに持っている「過去・現在・未来」という観念を利用して作りあげられます（→図6）。こういうことを入不二さんはどうお考えなのか。

入不二さんの議論もこれと同じように見える面もあるんです。つまり、「未来それ自体」

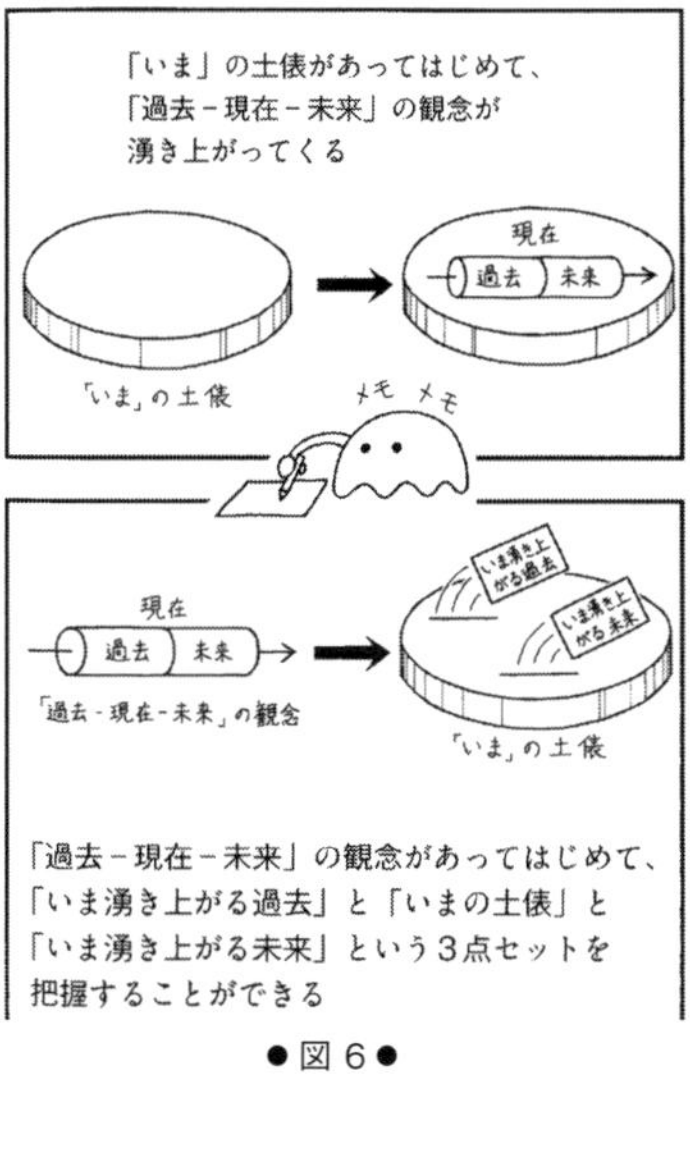

●図6●

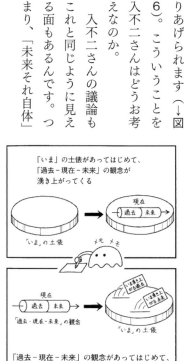

●スライドM-⑨●

あるようにあり、なるようになる

●英語にしたら、なんと言うのでしょうか？

「過去それ自体」というのは存在論的に非知であるというふうに考えた時に、じゃあ我々はなぜこの現実の中で未来や過去を語れるかが分からなくなる。我々はなぜ非知について語れるのか、なぜ非知と接続できるのかという疑問が出てくる。あと、それに付随して、これはカントが物自体[*3]について言っていたことの入不二バージョンなのかなという気がしていて、カント自身の時間論とは別問題として、カントが認識論で発見したことを時間論に適用したものなのかな、という気がします。

最後は、「あるようにあり、なるようになる」を英語にしたら何と言うんでしょう（→スライドM－⑨）。入不二さんにぜひうかがってみたいなと思いました。ということで、私からのコメントは以上です。

一旦ここで休みをとります。その間にご質問がある方はさっきも言いましたように、質問用紙に質問を書いて、出してください。その時に、質問部分に下線を引いておいてくださるとすごく嬉しいです。よろしくお願いします。

＊1　大森荘蔵（一九二一〜十九九七）は、日本の哲学者。分析哲学から出発し、物心二元論を批判して独自の「立ち現れ」一元論と呼ばれる哲学体系を築く。著作に『言語・知覚・世界』『物と心』『新視覚新論』『時は流れず』などがある。

＊2　森岡正博＋寺田にゃんこふ『まんが 哲学入門――生きるって何だろう？』（講談社現代新書、二〇一三年）

＊3　物自体とは、カントがその著書『純粋理性批判』の中で、経験そのものを吟味した際、経験の背後にあり、経験を成立させるために必要な条件として要請したもの。

※図1〜図6は前掲の『まんが　哲学入門』から引用した。引用箇所は、図1＝106頁、図2＝107頁、図3＝113頁、図4＝112頁、図5＝34頁、図6＝41頁。

ディスカッション

田中　後半の司会進行を務めます田中と申します。「哲楽」という雑誌を編集している者です。今日の内容も、何らかの媒体で、今日ここに来られなかった方のためにも、みなさんの記録のためにもお届けしたいなと考えております。もしかしたら質疑の中でみなさんの質問も入るかもしれませんのでご了承ください。前半結構ハードな内容だったんですが、後半もお二人のライブのトークをこのまま引き続き進めていきたいと思います。私もちょっと相対現実と絶対現実でつまずいて、後半うまくフォローできていないところがあるので、お二人のディスカッションから学んでいきたいと思います。ディスカッションを三〇分お届けして、多分三〇分じゃ終わらないかなという気がするんですが、この打ち合わせの段階から見ても。ちょっと三〇分を超えてしまうかもしれないんですが、ご都合で帰らなきゃいけないとか、電車の都合で…という方はどうぞ、後ろの方から出られてください。質問用紙も三〇分ぐらいからどんどん紹介する形で進めていきたいと思います。よろしくお願いします。

一致とズレ

森岡　ディスカッションに入る前に、私のコメントをまとめておきます。最初は、**現実はどこから語られているのか**、という疑問でした。誰の現実か、ですね。2番目は**必然性と偶然性**の関係ですね。3番目は**可能性と潜在性**。とくに潜在性の反対である顕在性とは何か、という点ですね。4番目は、**未来と過去**は、入不二さんからどういうふうに見えるかという点です。

入不二　それでは森岡さんの疑問点に関して、私の方からできるだけリプライをしたいと思うのですが、全体の五つ、最後の「英訳しろ」というのも含めれば五つに答えたいと思います。私のリプライの方向性は、森岡さんとの一致とズレという話になります。表面上は一致していても、実は、「存在論的には」あるいは「思弁的なところでは」、決定的に二人はズレているんじゃないか、という意味での一致とズレという方向で話がしたいわけです（→スライドD－①）。

もう少し具体的に言いますと、ここは完全に一致できる、表現としては一致できる部分と

●スライドD-①●

一致とズレ

●表現(表面)における「一致」と、存在論的(思弁的)な「ズレ」

――スライドM-⑦「現実というのは、実は記述できないのではないか。」

――スライドM-②「「人称性」「〈私〉性」の問題・・・」、
図4「そんなきみの存在全体が、・・・」

――スライドM-⑧、126ページなどに見られる「カント的」読解や、
スライドM-①の「西田ー九鬼ー大森のライン」

して、先ほどの**スライドM-⑦**にあったと思うんですが、「現実というのは実は記述できないのではないか」という箇所です。私も記述できないと思っています。その意味でまったく賛成なんです。その通りでして、記述できない。だけどその表層の一致は、実は存在論的には、というか深いレベルでやっぱり一致していないんじゃないか。そういう方向で答えたいと思います。

あるいは疑問点の一番目と関係があると思いますけれども、つまり「現実がどこから語られているか、入不二の視点で語っている現実じゃないか」という質問とも関わりがあるんですが、さっきの人称性ですね。あるいは山括弧がついているのは永井的な〈私〉という意味で使っているわけですけれど、〈私〉性の問題。あるいは先ほどの森岡さんの興味深い著作『まんが 哲学入門』の中に出てきた言葉を取り出すと「そんなきみの存在全体が」

という表現があるわけで、「きみの」という二人称性が現れているんですが、ここに関して私の方がどうリプライするか。

人称性のところは、森岡さんと私のズレが現れてくるところなんです。さらにカントとか西田、九鬼とか大森とかって偉い人が出てきたので、偉い人と並べてもらうのは光栄ではあるのですが、私はやっぱりそのラインじゃないだろうと思う。カント的どころか、反カント的かもしれないというふうに思っているので、その点でもズレを明らかにする方向でリプライしたいわけですが……。

記述し得ない「現実」

入不二　さて、「記述し得ない」という部分では表現としては一致するんですけれど、森岡さんが一体何を今日の質問で言おうといているのかということを、午前中からずっと考えていて、先ほど文章にしてみました（→スライドD－②）。「森岡はカエルである」という固有名を含んだ仮想的な例を使うからなんですけれども、クリプキ[*1]的な現実というものを森岡さんは考えているのかな、というふうに私には見えるのです。クリプキ的な現実っていうのは、今

●スライド D-②●

1. 記述し得ない「現実」

- 森岡の「現実」は、
  クリプキ的な現実（固定指示される現実）のことではないか？
- 固定指示と反実仮想の文脈はセットで働く、
  複数の固有名（現実の複数性）
- 絶対現実は、あらゆる内包と無関係、複数性が意味を持たない。
- 絶対現実：　唯一名、super-固有名、神の名

の場合は「森岡正博」という固有名詞によって固定指示される、固定される現実のことを考えています。クリプキの場合、そうなりますね。つまり固有名っていうのが記述の束じゃないわけですよね。固有名が現実を固定し、その固定によってこそ他の可能性を、反実仮想のことも考えることができるようになり、「森岡が大工である」、「森岡がカエルである」そういう可能世界も考えられるようになる。固有名による固定指示と反実仮想の文脈を作ることがセットで働いているのがクリプキ的だと思うんですが。たとえ「カエル」になるとしても、「森岡」によって固定指示される現実は動いていないことになるので。そんなクリプキ的な現実を考えているのかな、と思ったわけです。だとするとやっぱり「現実」として考えていることは私とは違うな、というふうに、さっきのズレの話になるんですよね。

もちろんここで森岡さん自身は「そういうことを考えているんじゃない」って否定されるかもしれません。しかし、もうちょっと待って頂いて、もし固有名が固定指示するようなものを「現実」、というふうに考えているんだとすると、クリプキからは離れますが、今の話の流れから言うと、固有名詞はもちろん複数ありますから、「森岡正博」、「入不二基義」っていう別の固有名もあるし、それによって固定指示される現実は、その意味で複数あってもいいという方向も考えられる。先ほどの「入不二の視点から見た現実なんじゃないの」っていう話もそこに重ねれば、こういう現実の複数性にもつながっていくような方向で森岡さんは考えているのではないか、と私は読み取ったわけです。

しかしそうだとすると、私の言いたい絶対現実はそうじゃない。固有名詞が固定指示するような現実のことではやっぱりない。ちょっと似ている部分はあるわけです。たしかに、「絶対現実が無内包だ、内容とは独立に、無関係に成り立つのが絶対現実だ」ということと、「固有名詞は記述の束ではない」ということはある種のアナロジー（類似性）があると思います。無内包である現実と、記述を超えた固有名詞で指示される現実のあいだには、確かに「記述を超えている」という点でアナロジーは成り立ちます。しかし、絶対現実の方はいっさい、まったく内包と無関係であり、固有名詞であれば複数性は意味を持ちますけど、そういう複数性が意味を持たないということがむしろ絶対現実のポイントなので、絶対現実は固有名詞によって固定指示される現実とは違う。

じゃあ絶対現実って何か。固有名詞と対比させて、あえて固有名詞とかけて言うならば、むしろ固有名でなくて唯一名だと言いたい。絶対現実というのは唯一名なんだと[*2]。あるいは超固有名だ、と言っても同じことですけど。あるいは絶対現実というのは、それがすべてでそれしかなくて、ただそうであるだけ。それは「神だ」って言っても同じことなんですね。現実性こそ神だと。もちろんその場合の神というのは神学的決定論の神ではありません。神学的決定論の神は現実を超越する存在ですから。現実性という神はむしろ汎神論的で、絶対現実そのものが神なんです。現実の外に存在するのではなく、現実がイコール神です。だとすれば、絶対現実とは固有名というより神の名なんだと。だから私の方とすれば、固有名詞で固定される現実とは違うものとして、神のようなあり方をする絶対現実を考えていることになります。

＊1　ソール・クリプキ（一九四〇〜）はアメリカの哲学者。プリンストン大学名誉教授。一九七〇年にプリンストン大学で行った講義をまとめた『名指しと必然性』（八木沢敬・野家啓一訳、産業図書、一九八五年）で、固有名がどのように世界の事物を指示するのかについて論じた。

＊2　あえて「唯一名」と述べましたが、それは、固有名という「複数」ありうるものに対して、差

を付ける意味で「唯一」と言っています。また神は、文字通りに言えば、そもそも名づけられないものであって、それでもなお名指されてしまうという事情が、絶対現実が相対現実に転落してしまう事情とパラレルなので、「(全一性が転落したものとしての)唯一」名なのです(入不二)。

人称性の問題

入不二 そうすると次に、固有名的な現実ではなくて、むしろ〈私〉的な現実こそが、問題なのではないかという方向性へと進みます(→スライドD-③)。つまり「入不二の議論からは人称性が脱落している。この問題は永井的な〈私〉性という問題に極めて密着している問題のはずではないか」と。固有名詞ではなくて、〈私〉性だという強調点も先ほどの森岡さんの疑問点には含まれていただろうと思います。要するに、固有名的な現実と〈私〉的な現実。

じゃあそちらに関しては、私の方はどう考えているかというと、まずはごく普通のレベルで、つまり永井的な〈私〉という深い問題には入り込まずに、「私」とか「今」とか「ここ」とかっていうのはインデキシカル、指標詞として特徴づけられるような使い方をするわけです。山括弧を付ける以前に「私」や「今」は、「「私」と発話しているその人を、その個体を指示する

●スライドD-③●

2. 人称性・〈私〉性など

- 「私」「今」「ここ」 indexical（指標詞）　≠「現実性」
  - ——選び出し（排除・抽出）のあるなし
  - ——上位包摂（人物・時間・場所）のあるなし
  - ——非対称：「現に私」「現に今」　＞　「私の現実」「今の現実」
- 〈私〉：指標詞ではなく、現実性と人称性のハイブリッド。／機能喜捨の途中。
- 「現実性（現に）」は、さらなる機能[illegible]
- 相対現実への転落　＝　機能回復

言葉だ」とか、「「今」というふうに発話している、まさにその発話の時点を、あるいはそう書いている時点を指示する言葉だ」というような指標詞という特徴を、「私」とか「今」とか「ここ」はもつわけです。絶対現実という形で取り出したいような現実性、すなわち「現に」は、そういう指標詞じゃないってことが大きなポイントだろうと思います。つまり、「私・今・ここ」という言葉と「現に」という言葉は、働き方にかなり違いがある、ということを言っておきたいのです。

それをまず出発点にしたいと思います。指標詞の場合には何らかの形で選び出すわけですよね。選びだす働き方がそこにはあって、他のものを排除し、あるものを抽出するという形の選び出しがあります。さらに「私」というのは人物の中の一つの個体を選び出すし、「今」や「ここ」は時間の中の、場所の中の、という形で、いわば上位カテゴリーと言ってもいいですけど、人・時・空間というカテゴリーに包摂される形で働いています。そういうものと「現に」という副詞の働き方は違うと。なぜかというと、現実の現実性、つまり「現に」というあり方は別に何も選び出していないので。もちろん可能性の中に置いちゃえば、可能性の中から選び出しているという、指標詞のように見えてくることは生じると思いますが、可能性の中に位置づけられた現実は、もう相対現実です。絶対現実は何も選び出さない。それが全てでそれしかなくて、ただそうなのですから「選び出し」の入る余地がない。ということは、その絶対現実の「現に」というあり方には、「人・時・空間」のような包摂のための上位のカテゴリーを持たないのです。

しかも、現実性とその指標詞の両者が一緒に使われる。「現に私だ」「現に今だ」というのは、二つが合わさった使い方ですが、「現に」が外側で働く方が絶対的な現実性の使い方であって、それを逆転して「私の現実」とか「今の現実」という使い方はむしろ、その現実を相対現実に転落させる使い方です。「現に」っていう形で「私」にも「今」にも「ここ」にも、無差別に副詞的につくしかない。そういう仕方で、やはり現実性と「私・今・ここ」という指標詞は違うだろうと。

永井的な〈私〉の場合には、確かに普通の指標詞ではないと思います。すでに現実性が加わっています。ただ〈私〉というのは、その書き方から分かるように、山括弧の中に「私」が入っています。ということは人称性が残っているということです。つまり現実性と人称性のハイブリッド表現となっているのが〈私〉という表現です。これは絶対現実へ向かう途上にある途中を表す表現だと私は考えます。

何の途中かというと、絶対現実の「現に」ってあり方には指標詞のような選び出しの機能がないので、選び出しの機能を捨てていく方向です。選び出しの機能っていうのは、現実世界の中で何らかの差異をもたらすような機能ということになります。しかし、現実性自体には、そういう機能はない。指標詞性から現実性への方向を、「機能を捨てていく」とか「機能棄捨」と言っておきますと、そっちの方向の途上にあるのが〈私〉という表現だと。

それに対して、現実性っていうのはそもそも「私・今・ここ」っていう言葉と違うので。〈私〉の中のむしろ「私」の部分を、そういう残っちゃってる人称性の機能を捨て去るのが、「現に」という絶対現実だというふうに考えています。

もちろん先ほど「ループ」だとか「転落」という形で言ったように、その逆方向ももちろんありえます。相対現実への転落っていうのが、いわばその機能を、捨てた機能を取り戻そうとしていること、「機能棄捨」と「機能回復」、この言葉は本の中では使っていませんけれども、そんな方向にあたる。

そういうふうに私は絶対現実を理解しているので、「じゃあ絶対現実はどっから語られているのか」ときかれるならば、「いや、どこからでもない」と答えざるを得ない。つまり人称性をもっていないですから、あるいは固有名的な現実でもないですから、そこに固有名を当てたり人称を当てたりすることによって、「誰からの視点」ということが成り立たない。絶対現実は、そういう固有名的・人称的な機能がなくなっていくことを特徴としています。

あえて変な表現で言うならば、いわば絶対現実という外のないものが自らの内に自らを転落させせて、局所化させせて、現実自身が語っている。だから私っていう入不二が語っているのではなくて、これは現実自身が現実を語っている、と答えざるをえないな、と思います。これが疑問点1に対する答えになります。

入不二現実性論における現実は指標詞、一者のようなもの？

森岡　ありがとうございました。今、初めて聞いたのでどうリアクションしようかなと思っているんですけれども、でも、とてもクリアーによく分かりました。私は実は固有名に引きつけていたのではなく、むしろ入不二さんと近いラインで考えていたのだと気づきました。しかし、絶対現実が自らを転落させて現実を語るとまで行くとなると、これは西田幾多郎の絶対無の自覚的限定みたいな、何かそういう話ですよね。入不二さんは京都学派なんですね、意外に（笑）。

入不二　その点に関してちょっとあとで「カント的」というあのラインという話に反対しますので、私自身はそういう系譜だとは思っていないんですけどね。

森岡　それはまたあとでやりましょう。

入不二さんが今おっしゃったことは、私は私なりに理解できましたが、あえて言うと、実はその現実というものも一つの指標詞かもしれないという気がするのは、「現」っていう言葉を切り出しているじゃないですか、無から。つまり「現に」とか「現にじゃない」とかいうふうに差別化されていない世界から「現に」というものを切り出した瞬間があるわけで、その時にやはりある種の指標詞的な何かが働いたんじゃないかと、直観的には思いますね。たとえば「私」という切り出しをする時には、「汝」だとか「第三者」などとの関係の中で切り出しが行なわれるのですが、それと同じような切り出しが「現に」に関してもあったのではないか。前の**スライドD－②**で、あえて言えば神の名みたいなものなんだというのがあって、それは分かりやすかったです。と同時に気がついていらっしゃるかたは結構いると思いますけれども、このテーマを議論していると、「結局存在しているのは一者なんじゃないのか」というところへ行くわけであって、「結局入不二と森岡が二人いるみたいだけど、本当に存在するのは一者なのであって、その一者が二者っぽく現れているだけだ」みたいなところへどうしても行くわけです。

じゃあその一者は何なのかというと、まあ何と言ってもいいんだけど、まあ一者なんですよみたいな感じで。それとかなりよく似ていると思うのは、ウパニシャッド*3のアートマン*4と言われるものです。ウパニシャッドの原典のいい翻訳が最近出たんですけど（湯田豊『ウパニシャッド——翻訳および解説』大東出版社、二〇〇〇年）、全部読んで「ああ、そうなのか」と思ったのは、アートマンというのは、一であるけれども一だとも言えないようなものなんですよね。すべての背後にあって、差別のないものであって、個別の私をその背後から見ている真の私としての一者がアートマンです。一者と言われるけど、この「一」は数ではなく、また「者」も人間ではない。絶対現実はこういう古代インドの思索に近いと思います。その面から見ると、「もう人じゃないんだ」というところは私は賛同したいです。

入不二　二人が一致している点として確認しておいていいのは、「人じゃない、人物じゃない」っていう点です。それはかなり重要なんだと思います。そこを強調する意図が私の方に、かなりあるので、そこはその通りだと思います。ただ、なお一致しないところを探すと、やっぱり「存在」っていうタームをそこに当てようと、あるいは「一者」でもいいですけど、「一者」「存在」という言葉が使われるところがなお違和感があります。つまり私は「存在」という言葉ではなくて、「現実」という言葉を使っている。ということは、「存在」と「現実」の違いを強調しているつもりがあります。しかも「現実の現実性」とか「現に」っていう形で外側から入り込んでくる力、みたいな言い方をしていて、「存在」「一者」とは言っていないんですね。その違いが一体何なのかっていうことがもう一つ残っている重要なズレです。このズレはすごく重要なズレで、それが先ほどの森岡さんの疑問点の中で出てきた「神の存在証明」のところとも関係があるだろうと私は思っていて、そこをもうちょっと答えさせて頂きたいなと思うんで……。

森岡　その前に、今の入不二さんのお考えは、確かによくわかって、入不二さんは「存在」という語を避けて「現実」というところで頑張ろうとしているのはひしひしと伝わりました。もう一つは、「二つ性」と「一つ性」という議論をする時に、そこに私は、入不二さんの議論のある種の不徹底さを感じることがあって、一つしかないものに関しては「一つ」って言えないはずだというのは、論理的には言えるように思うんですよね。ですからさっきアートマンのところで、「一つとも言えない、一つじゃないとも言えない」と言いましたけれども、やっぱりその次元まで、現実は行かざるを得ないんじゃないかと。つまり現実は数えられないということとですね。その点はどうお考えですか。

入不二　それはまったく賛成ですね。議論の都合上「二つ性」「唯一性」「全一性」に分けていて、二つ性や唯一性との差異で全一性を浮かび上がらせているわけです。しかし、「唯一性」ではない「全一性」とは言っても、「二」であることは引き継がれていて、その点では不十分なんです。「一者」の「二」も不十分だと思うし、「一者」の「者」も「存在するもの」を表してしまって、不十分だと思います。先ほどｎに対するｎ′を付け加えた意図は、つまり黒い、ベタな図に対して、それでもやっぱり白い背景すなわち無との対比が出てきちゃうとまずいので、もう一歩先のｎ′まで進みました。全一性がｎだとすると、本当はｎ′へと進まないといけない。ただｎ′をどう言っていいかは皆目分からなくなるので、例えば「ただひたすらそうだ」としか言いようはないと思うんですけれども。そういう意味で、まったくその通りだと思います。

＊３　インドで編纂された一連の宗教文書の総称約２００以上ある書物の総称ヴェーダの関連書物。哲学的な文献群からなり、「奥義書」と訳される。汎神論的哲学であり、宗教から哲学への過渡期に生まれた思想。

＊４　意識の最も深い内側にある個の根源を意味する。「真我」とも訳される。

神の存在論的証明

入不二　じゃあ次の疑問点といいますか、森岡さんの**スライドM－③**の中に、「神の存在証明」という話が出てきます。森岡さんの問いとしては(1)(2)(3)と三つ並べられていて、(1)は疑わしいが、(2)は真では？　と言われ、(3)は「？」になっています。(1)が「神」の場合で、存在の必然性から、現実の存在は導かれないだろうと。それに対して、(2)が「世界」の場合で、無の不可能性から、現実の存在が導かれるだろうと。さらに、(3)の「私」の場合も、(2)と同様か？……という問いでしょうか。

森岡さんは、(1)(2)(3)の違いを比較していますが、どれも同じことになるように私には思われます。どれも「前半」部分は様相（存在の必然だったり、非存在の不可能であったり）が入っていて、その様相から、「後半」部分の現実（現実の存在）が導かれるかどうか、という問いの形になっています。

何らかの様相から現実性が導かれるか？　という問いへの答えは、こうなると私は思います。「その様相の内に、あらかじめ現実性が埋め込まれていれば、その埋め込まれた限りでの現実

●スライドD-④●

3. 存在論的証明

●「神は存在を内に含むことは必然であるから、神は現に存在する」／「世界が無ではないことは必然であるから、世界は現に存在する」／「私が存在しないことは不可能であるから、私は現に存在する」

●「存在論的な証明」の失敗／成功の相即
—— 現実性（現に）の外部性：
「本質（概念）と存在（現実）」のあいだの差異のさらに外部的な差異
—— 現実性（現に）の内部性：　その外部的な差異が、
「本質（概念）と存在（現実）」のあいだの差異として繰り込まれ続けること

性は導かれることになるけれども、そうでなければ、すなわち（現実性抜きの）単なる様相だけからは、現実性は導かれない」。そういうことにすぎないのではないでしょうか。

伝統的な「神の存在論的証明」の場合には、トマス[*5]的にと言ってもいいですが、「様相」と「現実性」ではなくて、「本質」と「存在」、あるいは「概念」と「存在」のペアが問題になっていますよね。「本質」「概念」から「存在」を導くことができるのかどうか、という仕方で問題になる。「神」だけは特別で、その「本質」「概念」の中には、「存在する」という本質・概念も含まれているのだから、「神が存在する」のは必然だ……と言えるのか？という具合に。

もちろん、「存在する」という本質・概念からは、「現に存在する」ことが導かれるわけではないことは明らかです。つまり、本質・概念からは現実性を導き出すことはできない。しかし重要な点は、さらに「概念的に存在するだけに留まらず、現実にも存在する」ということまでを、神の本質・概念の中にあらかじめ書き込んだとしても、やはり無駄である（実際の現実性は導かれない）ということでしょう。

　でも、同じことは逆向きにも言えて、たとえ「実際の現実性」であっても、それが概念としての「実際の現実性」であれば、神（の本質・概念）の中にいくらでも組み込むことができるし、そのように組み込めば、もちろん「実際の現実性」も概念的には導出できる、ということです。

　要するに、「存在論的証明は成功するか？」に対しては、「成功する」とも言えるし、「成功しない」とも言える。より正確に言えば、「成功する」と「成功しない」が同時的であり続けることによって、「概念／現実性」の分割がそもそも産み出され続けている。

　このように、現実性は、概念・本質の内に取り込まれつつも、取り込まれ尽きることなく「外で」働くというポイントは、(1)(2)(3)のどれについても、実は同じことなのではないでしょうか。つまり、「神」「世界」「私」のどの場合についても、「現実性」の問題は変わらずに生じ続ける。

森岡　はい、分かりました。それは特に今、異論はないです。非常にクリアに指摘されていて、よく分かりました。と同時に、やっぱり何ですかね、何かこのもやもやする感じがあってですね（笑）、それが何なのかということなんですけれども、やっぱり「今・ここ・私」と「現に」が違うということを「現に」という言葉を使って表現できていること自体に、私は何か欺瞞を感じるんですよ。

もし本当に違うのだとしたら、そういう形で表現できたらいけないのではないかというような感覚があって、そこがもやもやしているんでしょうね。つまりそういうふうに、入不二さんが整合的に答えることによって、入不二さんが一番言いたいことがどんどん頽落していくのではないかと。つまり「現に」が「私・今・ここ」と同じようなものへと落ちていっているんじゃないかというふうに感覚的に思いますけれども。

入不二　むしろそうなるからこそ、逆に言い続けなければいけないことになるとも言えるんですね。だから転落の方向を森岡さんは強調してくれていると思うので、それはその通りなのです。つまり私は成功なんてしていないんですよ。転落しているわけですから。でも転落をしているからこそ、「転落」の逆を「上昇」と言ってもいいですし「離脱」と言ってもいいですけれども、離脱をし続けるしかない、ということになると思うんです。

森岡　分かりました。それについては、ちょっと考えさせてください。

＊5　トマス・アクィナス（一二二五〜一二七四）は、イタリアの神学者、哲学者。

入不二の運命論、現実性論はカント的か？

入不二　じゃあもう一点。これが一番大きなズレかもしれないとも思うんですが、森岡さんはカントを持ちだしてくれて、私の論に対してカント的な読み取り方をしてくれていると思うのですが、私自身はカント的だとは思えないのですよ。もちろん、「カント的」というのをどう理解するかによるわけですが、むしろ反カント的、あるいは脱カント的な、少なくともそういう側面がある（→スライドD-⑤）。

というのはちょうどこのイベントの前に、紀伊國屋書店でのトークショーをやった時に、そこで質問された話と関係があるんです。メイヤスー[*6]を中心とするような思弁的実在論と入不二の運命論は近いのではないかっていう趣旨の質問を、その時に佐々木敦さんから受けて、私はそれに「イエス」っていうふうに答えています。つまり思弁的実在論は、基本的に反カント的なところを含むわけですよね。相関主義という言い方のもとに、カントがその親玉みたいなものとして批判される。基本的には、人間の認識と相関している世界とか外界とかっていうものしか考えられないのがカント的であり、それを一挙に相関主義という言い方でまとめるわけですね。非常におおざっぱな言葉使いをすれば、相関主義は認識論的なんですね。その

●スライドD-⑤●

4. カント的か？

● むしろ、反（脱）-カント的

—— cf.「相関主義（correlationism）」批判、
思弁的実在論（Speculative Realism）

● むしろ、反（脱）-現象根源論的・反（脱）-認識論的

認識は人間の認識であり、あるいは概念枠組みによる認識であり、その認識と相関的にしか存在は可能ではないという考え方です。それに対する批判としてSR[*7]と略記されるような思弁的実在論が今、一つの潮流としてあるわけです。私は別に、SRをフォローしているわけではないので、ちゃんとしたことを言うことはできません。いくつか読んでいるだけですが、その感触から言うと、私の論も、やっぱり人間の認識との相関から離脱しようとしているという方向性をもっています。その点では、つまり非人間的な方向を志向しているという点では、共通していると言ってもいいので、「イエス」と答えたわけです。

もちろん、その反面もあります。転落しますから。「私」は人間でしかないという側面も半分あります。しかし、人間の認識から離脱しようとする方向性をもっていると

いう点で、思弁的実在論と、その部分では相性がいいかもしれない。絶対現実というのは、それは人間の認識に引っかかるような体験ではないので。体験されてしまったら相対現実になってしまうので。そこの部分に関しては、ですから反カント的なのではないかなと。つまりものすごく強い形而上学的な実在論を私は認めようとしていることになるのかもしれません。ただ思弁的実在論の場合は、メイヤスーだったら数学的な実在みたいなものを考えますが、私の場合は、「実在」ではなく「現実」という力が焦点です。いずれにしても、方向性としては反カント的だろうと思うわけです。

ただ森岡さんが指摘してくれていますが、カントとの接触点もないわけじゃないので一点だけ確認をしておきます。物自体は認識には引っかからないけれども、思弁的な思考によって思考はできる、っていう点は重要だと思います。つまり認識と思考を分けるわけです。その発想は私も重要視していて、今回の本の中で「思考」というものの位置づけを「体験」とか「経験」とは分けています。思考は体験じゃない、ということを強調している部分がありまして、それをカント的と言われるならば、それはそうかな、とも思います。そこの区別を、「思考は経験や体験じゃないんだ」という部分、その一点に関してはカント的と言われても、うん、それはそうだな、というふうに思いました。

もう一つ、西田・九鬼・大森というラインの話がありましたが、私自身は、あまりそういう「ライン」には入りたくない（笑）。そもそも三者の中で九鬼だけは外れているようにも思いますが、大雑把に言えば、西田・大森っていうラインは現象根源論です。あるいは、これは永井さんがツイッターの中で言っていた言葉だったと思いますけれども、超越論的領野の一元論と言ってもいいと思います。私はそれをいま現象根源論と言っていますけれども。そういう部分が西田や大森には強くあります。先ほど西田の話が出ましたけれども、私は現象根源論的な考え方に反対です。現実の現実性には一切、認識も体験も実感も関係がないので。まったく認識論的ではない、というところを強調していて、認識論的であることと現に現実であることをかなり強く引き離そうと、私の方はしているつもりです。要するに、超越論的領野の「外」を強調しているつもりです。そういう側面を取り出せば、現象根源論的なラインには私は乗っからないのではないかな。光栄ではあるけどやっぱり違うのではないかなと思いました。この点は以上です。

森岡　ありがとうございました。軽く言ったことをすごく真面目にとらえて頂いて、なるほどと思いました。カントについては、私はカントの「経験」と「思考」の相補的二元論を入不二さんの相対現実と絶対現実の相補的二元論と重ねてみたときに、よく似た構造を見出せると思いました。西田については、やはり絶対現実が自己を限定していくという発想が通底していますね。

＊6　クァンタン・メイヤスー（一九六七～）は、フランスの哲学者。

＊7　思弁的実在論（Speculative realism）の略で、現代哲学の運動の一つ。ロンドン大学ゴールドスミス・カレッジで二〇〇七年四月に行われた学術会議の名前から取られている。

「あるようにあり、なるようになる」の図式化

森岡　このあと英語の話ですよね。さっき休み時間にちょっと入不二さんと雑談をしていたんですけど、入不二さんの話はこういうことなんじゃないのかなと思ったので、それをちょっと書いておきます。「あるようにあり、なるようになる」ってどういうことかというと、要するにこういうことだったような気がするんですね（**↓板書の図1**）。「あるように」というのがaで、「ある」がXですね。「なるように」というのがbで、「なる」がYですね。どういうことかというと、こっち（aとb）は、「他でもあり得たけど、現にこうである」（a）と「他にも

●板書の図1●

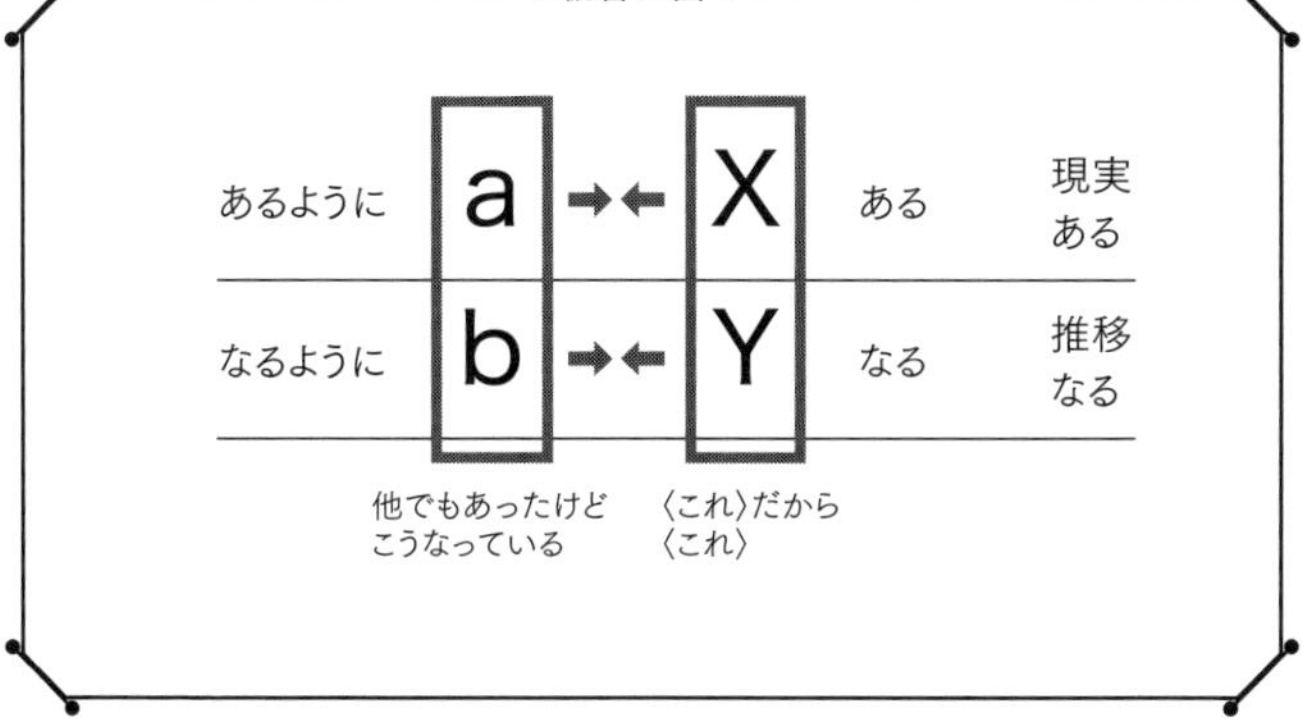

なり得たけど、現にこうなっている」（b）ですね。こっち（XとY）は「これだからこれ」みたいなことですよね。そして（aとb）が相対の列で（XとY）が絶対の列。入不二さんは「中間」って仰っていましたけど、「中間」っていう言葉は実はあんまりよくないような気がします。そうじゃなくてこの二つの列が強い緊張関係を孕んでいるということ自体が現実なんじゃないか。つまり「現実」について語る時に、この二つ（aとb）が強い緊張関係をもっていて、（aとb）だけでも駄目だし、（XとY）だけでも駄目だし、（aとb）と（XとY）がカップリングになっていることがどうしても必要だと。こうすると、入不二さんの言いたいことをこの図で全部言えるんじゃないかな。これはどうですか。

入不二　かなり有望な図式なんじゃないかと思います。この図式の特徴は、「あるように／ある」と「なるように／なる」の四者と、「形式」と「個物」を組み合わせているところだと思います。（ある・なるの側の）XやYが「変項」として形式的に働いていて、その変項を具体的に埋めるのが、（「ように」の側の）aやbという個物になっています。そして、個物の側にも形式の側にも、「これ（こう）」が出てきます。個物の側の「これ」は、他のもの（cやdなど）でもよかったのにaやbであるような「これ」です。一方、XやYという形式の側の「これ」は、「これだからこれ」というようにトートロジーのように捉えられています。つまり、何であれ「これ」であるような形式としての「これ」です。

しかし、個物によって埋められる「これ」も、形式的・トートロジー的な「これ」も、あるいはその両者を組み合わせた図式も、そこまではむしろ「相対現実」に相当していて、「絶対現実」のほうは、そういう図式自体を産み出す「力」なんじゃないでしょうか。つまり、多数の個物の中からただ一つを選び出す「これ」と、何が選ばれようと「これはこれである」という形式的な「これ」が協働しているのが、森岡さんの図式ですが、「これ」の力は、実は「個物」や「形式」を超えて働いているのであって、その水準が「絶対現実」に相当するのではないか、と私は考えています。

そして、「あるようにある」も「なるようになる」にも、そのような現実性の「力」が貫通して働いているのだけど、その力としての「これ」性が、そのつど受肉化して現れると、個物としての「これ」として現れたり、トートロジーとしての「これ」として現れたりするのではないか。

また森岡図式では、上下それぞれにおける「左(a,b)と右(X,Y)」の関係を考えていますが、私は、本の中では、「あるように／なる」と「なるように／ある」という交差形とも呼べるつながりについても考えています。つまり「a—Y」や「b—X」という斜めの関係ですね。これも付け加えておきます。

森岡　はい、分かりました。ところで、個物の話が出たけれども、個物が入るのならばこっち側(aとb)ですよね。こっち側(XとY)は個物は関係ない。

入不二　それはそうですが、どっちにしても、相対現実になってしまう。

森岡　どっちも入らない？「他でもありえたけども現にこれだ」っていうのはこっち側(aとb)じゃないですか。だから個物と関係あるはず。こっち(XとY)は……。

入不二　いや、そっちは、そのXとYは、こんどは個物でないけど形式になってしまう……。

森岡　XとYは個物と無関係ですよね。

入不二　XとYは形式だから、特定の個物とは無関係だけれども、個物が入るということ自体とは無関係ではない。そして、現実の現実性は、そういう個物の代入を待っている「形式」ではないと思う。XとYの違いって結局、「ある」と「なる」の違いだけですか。

森岡　はい。その違いだけ。XとYの違いは「ある」と「なる」の違い。

入不二　そうだとすると、「ある」と「なる」、あるいは絶対現実の「現に」と時間推移は、矛盾する関係にあると付け加えておきたいです。つまり時間推移の意味で現実性を考えるのと、「現にある」とか「現に存在する」という方向で考える「現に」とは、両方とも現実として扱っているにもかかわらず、「ある」という現実と、「なる」という現実は、「非連続の連続」と言ってもいいくらい、矛盾している。この矛盾というのは、マクタガート[*8]が言ったような矛盾とは違うわけですけれど、でもその矛盾した関係になっているということは重要です。その矛盾が、現実のあり方だからです。そういう意味でXとYというのは、単にXとYじゃなくて、このXとYって矛盾する関係にあるっていうことも加えたいかなと思います。

森岡　なるほど、その点は分かりました。さっき言いたかったことを思い出したのは、カントの話の時に、ああ、そうかと思ったのは、認識論というものと、もう一個、存在論というのがありますよね。入不二さんはそれに加えて現実論というのを建てようとしている（→板書の図2）。この点は永井さんもずっと指摘してきた。

●板書の図２●

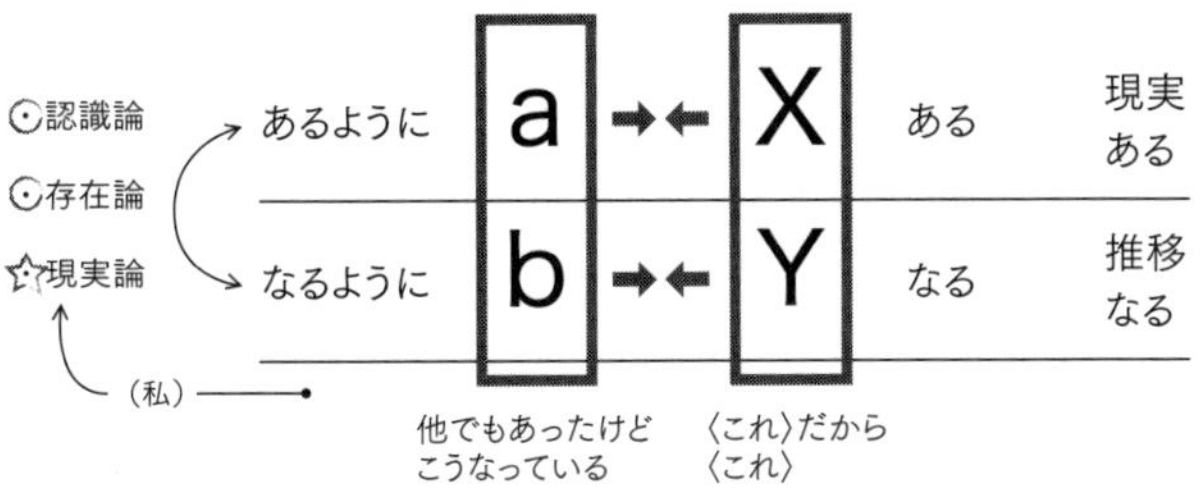

入不二　一つの方向性はそうですね。でももう一方で、現実論は、存在論や認識論へと転落もしますが。

森岡　うん。転落しますけれども、しかし頑張れば、認識論と存在論に並び立つ現実論というジャンルを現代哲学の中に作ることができるのではないでしょうか。

入不二　できます。

森岡　できますか。

＊8　ジョン・マクタガート（一八六六〜一九二五）は、イギリスの観念論哲学者。一九〇八年に発表した「時間の非実在性」という論文（*Mind* 17 (1908): 456-473. 所収）が有名。時間を現在・過去・未来への流れとして見るA系列と、より前からより後への流れと見るB系列とに分け、A系列の方が時間にとって本質的であるものの、時間が実在するとみなすことに困難をもたらすこととして、時間の非実在性を説いた。

「あるようにあり、なるようになる」を英訳すると?

入不二　じゃあ最後の問いへの答えとしまして、一応英訳してみました(→スライドD-⑥)。これは「あるようにあり、なるようになる」を英訳したつもりなんですけど、もちろん正直言うと、英訳できないと思っているわけです。「あるようにあり、なるようになる」の表現に、私なりにこの本一冊を通して込めた意味が多重に重なっているわけで、それを「英語で表現してください」って言われても、それはちょっと無理。日本語に深く入り込んで哲学しているのですから。でもまあ翻訳するんだったらどうにかしなければならない。この二つを出したのは、一つ目は『論理哲学論考』[*9]の6・41に似たものがあるからで、それをヒントにして一番目を作ってみました。

Everything is as it is, and everything will be as it will be.

『論理哲学論考』は、元はドイツ語ですけど、その英訳が何種類かあるのですが、それらを参考にしています。ただたいていウィトゲンシュタインの英訳の後半はhappenを使っているの

●スライドD-⑥●

5. 英訳

1. Everything is as it is, and everything will be as it will be.

2. Whatever is, is, and whatever will be, will be.

で、多分日本語では「起こる」と訳していると思いますが、そこを変えてあります。

二番の方の英訳のヒントにしたのは、今日少ししか触れられませんでしたけど、「ケセラセラの運命論」という言い方をした「ケセラセラ」です。これは元はスペイン語で、ある俗語的な表現になっているのですが、それを英訳したものはよく知られていて、歌にもなっています。

Whatever will be, will be.

ですから後半は私が翻訳したというよりは、「ケセラセラ」の英訳としては、むしろ定訳です。逆にさかのぼって「あるようにある」を前半部分の「Whatever is, is」、まあ英語では変な表現ではあるんだけど、でも通じると思います。あるいはどうしても前半の「is, is」が嫌だというんだったら、「actually」か何かを加えて、「Whatever is, actually is」でもいいかもしれないし、こんなところができる英訳の限界かなって思ったんですが、いかかでしょうか。

森岡　ありがとうございます。私が「ありがとうございます」という必要はないけれども（笑）。これを世界の人にどう伝えていくかという時に、やっぱり定訳があった方が嬉しいし、英語でこれから論文を書くときにもそのほうがいいので、入不二さんにいま決めてもらうのがいちばんいいと思います。

入不二　じゃあとりあえず一番のEverything is as it is, and everything will be as it will be. で。

森岡　一番ですね。それをどこか、ウェブページや論文のどこかに書いておいて頂けると引用できるのでよろしくお願いします。これから、みなさんからのご質問を紹介します。

＊9　ルートヴィヒ・ウィトゲンシュタイン（一八八九〜一九五一）が生前に出版したただ一つの哲学書であり、前期ウィトゲンシュタインを代表する著作。文庫版は野矢茂樹訳（岩波書店、二〇〇三年）で読むことができる。

フロアからの質問

運命論を考えるようになったきっかけ

森岡　この質問、面白いですね。「入不二先生が運命論を考えるようになったきっかけはあるのでしょうか。」

入不二　そうですね、きっかけって聞いてくれているんですね。理由じゃなくて。

森岡　そうです、きっかけですね。

入不二　きっかけっていうのは、理由とも違うし、背景とも実は違うわけですね。よく私は「何でレスリング始めたんですか」と聞かれた時に、何を答えたらいいんだろう、きっかけを答えるのか、背景を答えるのか目的を答えるのかって、悩むわけで、それと同じことが言えるのですが、きっかけって聞いてくれているので、ある意味で答えやすいかな。それは今日の話でいうと、偶然の必然化みたいなことは、かなり昔から気になっていて、ただ今の私は「偶然と必然」を通り越して「無様相」まで行っていますが。ただきっかけとなったのはやっぱり偶然と必然が絡んでくるところです。言葉にできたのはもちろん哲学の言葉を学んで以降ですけど、中学生くらいの時から偶然と必然の絡み合いっていうのがすごく気になっていて、何でそんなことが気になっていたのか、きっかけはやっぱりあって。

小学校一年生、つまり七歳の時に、たまたま背が一緒くらいで、あいうえお順も近くて、隣に座ることになった女の子がいました。当時の小学校は二人で一つの長方形の木の机だったわけですが、仲良くなって互いの家に遊びに行くようにもなり、幼いながらも、少なくとも私は「彼氏」のような気でいました。その後中学生の時は、別の子とつき合っていましたが、それでもその女の子のことはずっと気になっていました。高校生になって（私は引っ越したので）住む場所も学校も別々になってから、逆に強く意識するようになり、本格的に男と女としてつき合うようになった。つき合いがディープになって行って、高校卒業後二人は大学にも行かず同棲生活を始めちゃうんで、生活は荒んでいき、いつ破綻してもおかしくない状態へと追い込まれていく……。親からも勘当されて、自分たちでしばらく稼いで（というか、彼女に働いてもらって）

金を貯めてから私はもう一回勉強し直して大学に行き直した。その後大学院生のときに、二人は結婚して、……今がある、みたいな。
会場　どよめき
入不二　こういう風にふり返ると、やっぱり何か偶然が必然化したみたいな感覚に襲われるわけですよね。だって隣の席になるなんてすごく偶然な感じがするわけじゃないですか。たまたま隣になっただけで、席替えもあるし、クラスも、学校も、住む所も離れていく。なのにあの時、いや、実はすでにその時その女の子のことを好きだと思っていたわけで、ませガキだったので、「結婚しようよ」とか、小学生なのに言っていました。それが結局、ずーっと続いてここまで来たかみたいな感覚があって、これはやっぱり私が「運命」ということを考えるきっかけにはなっているだろうとは思います。

人の出会いの偶然と必然について

森岡　現代哲学ラボをやってよかったですね。
会場　（笑）

森岡　こういう話が聞けるとは思ってもみませんでした。はい、じゃあ次の方の質問は、「人の出会いの……」これ、今ので答えられちゃっているような気がしますけれども、一応読むと、「人の出会いの偶然と必然についても同じことが言えるのでしょうか」、同じことって今日の議論でしょうね。人の出会いに関しての偶然と必然について。

入不二　それって今日の西田・九鬼・大森というラインの中にも出てきた九鬼周造の偶然論を読むのが一番いいんじゃないかと思いますね。二つの独立の因果系列の邂逅《かいこう》という話を読むことをおすすめしたい。邂逅、出会いですよね。あの話がちょうど二人の人間の出会いの偶然性と、それが内面化されて必然化されて運命と感じられるようになるっていう。そういう運命論を九鬼は作っているわけですから、そこのところにこだわる人にとっては九鬼周造はおすすめなんじゃないですかね。

森岡　はい、九鬼を読めと、そういうことでいいですね。

自由と運命

森岡　次は、「いろんな運命論を分類して議論されましたけれども、因果的・神学的・論理的・

解釈的運命論、いくつかあったんですが、その中で論理的運命論が一番正当な立場と考えているのでしょうか」。

入不二　そうですね。まったくその通りです。それを中心に取り上げたということは、論理的運命論の、ある重要性を表しています。普通「運命論」という言葉を聞いた時に、先ほど言ったように多くの人は解釈的なものを考えがちだし、あるいは少し哲学に詳しい人の中には因果的決定論が気になったりする人も多いと思います。しかし先ほど言ったような理由で、実は一番強力な形の運命論はそれらではなくて、論理的運命論です。ただ私の話の中では、論理的運命論は入り口です。入り口としての強力さをもっているのは論理的運命論だというふうに私は判断して、それを一番の主題にしている、っていうことはあります。

しかし、もちろんそれで話が尽きるわけではなくて、今回も最後の方で自由を論じる場面においては、さすがに論理的運命論だけではやっていけないところがあって。それは論理的運命論だけを扱っているのでは、自由というのを論じる時に、ものすごく自分を狭いところに追い込んで議論をすることになってしまうので、もうちょっと話を広げないと駄目で、その時に初めて私の中で、因果的決定論や解釈的運命論がもつ自由との関係が、問題として浮上します。自由との関係で、あらたに力をもう一度もってくるという場面が最後にあって……、というふうに話が進むので、そういう意味では、論理的運命論だけが孤立しているわけでは実はなくて、自由という問題をそこに一つ、挟《はさ》むならば、この三つは緊密に連関しているとも思っています。

森岡　今の話に自由っていうのが出てきたんですけど、運命論の話をすると必ず、自由はどうなるのだ、自由はあるのかないのかという問いが出てきます。しかし今日のお話の中ではそこに触れられていません。なので今日来られたみなさんの中で、じゃあ入不二さんは自由ということを、今日の枠組みでどう捉えるのか、ということがすごく気になっている方は多いと思うんですけれども、それはいかがですか。

入不二　そうですね、今日は全然その話はしなかったところなので、そこを簡単に言うとどういうことになるのかっていうのは結構難しいんですが、自由を因果的決定論とセットにするとか、自由という問題を解釈的運命論とセットにするとか、論理的運命論を加えると三つのセットがありうるわけですよね。因果的決定論と自由って形で、そこだけに限ろうとすると、やっぱり自由は非常に細々と、自由が、もっている一番いい部分は、因果的決定論との対決ではうまく浮かび上がらないだろうというふうに私は思っています。つまり因果的決定論だけに限ってやろうとすると、やっぱり自由は負けちゃうし、自由の豊穣さを取り逃がしてしまうだろうというふうに思っています。

だけどそれはあくまでも因果的決定論に絞って、そこだけの対決だけでやろうとするからであって、実は自由のもっているある種の豊かさは、因果的決定論との対ではなく、物語的運命論との対で、むしろ次の段階で出てくるべきだというふうに、まずはそう思っています。つまり自由っていうのは「自然」との対ではなくて、むしろ「物語」との対で力を発揮するだろうという直観があって、ですからその場面では、「解釈的運命論」と「自由」という対こそが、自由のある部分に光を当てると思っています。その場合には、解釈的運命論と自由は、矛盾したり対立したりするんじゃなくて、むしろ解釈的運命論の成立が自由の成立、というふうに、両立か非両立か、っていうのではなくて、むしろ一体だと。というふうに考えたいのが、その段階での自由。

つまり、これは本の中で書いたことをそのまま繰り返しますと、オイディプス王の物語というのは、悲劇という形の物語なわけですが、あれはあれで自由です。なぜ自由かというと、だってそれまで見えなかったものが見えるようになったという「解放」があるわけで、それが自由なわけですね。悲劇であろうと何であろうと、自由は自由なんですよ。もちろんその物語を構成している個々のオイディプス王の行為も、自由に行為しているからあの話が成り立っているわけで。しかもあの悲劇の話は、あの相貌をしていないと駄目なんです。ああいう人生じゃないと、あの物語が表現している悲劇にはならないわけで、つまり「こっちがいいかな、あっちがいいかな」とかって迷っているのが自由なんではなくて、あるいは、複数の選択肢から好きなように選べるのが自由なのではなくて、それ以外に送りようがない人生を送っていることがむしろ自由、ということをむしろ物語的運命論の場面は教えてくれるわけです。自由というのをそういう場面で、つまり他行為可能性ではなく、他人生不可能性の方が自由である、というふうに考えてみたいのがその段階です。

じゃあ「結局自由って物語だよね」という話になるのかというと、やっぱり私はそう考えてなくて、というのは、今日の話なんかも全部そうなんですが、もっと先があると思っているんですね。ですから自由にも、そういう物語的な自由のもっと先があると思っていて、そのもっと先の部分を考えようとすると、もう一度論理的運命論の場面、ただしこれはただの論理じゃなくて、現実を含んだ論理的運命論に戻ってくる。つまり、自由の問題は、複数のタイプの運命論（決定論）を経巡ることになる。

ですから私は実は言葉使いとしては、論理的運命論とは別に形而上学的運命論という言い方もしているんですが、それはもちろん論理的運命論と地続きなんですけど、単なる論理じゃなくて現実が入ってきている。あるいは時間が入ってきているってことが重要になった時には、むしろ形而上学的運命論と呼んだ方がいいだろうと思っています。その場面に戻ってきてこそ、つまり意味現象としての自由を超えるような力をもった自由ってのを考えるためには、そこに移動しないと見えてこない。そういうふうに考えていて、その場面での力としての自由をさらに考えますので、それはむしろ物語的な相貌を壊す力をもっています。そういう場面での自由を考えるためには、やっぱりもう一度、私が今まで考えてきたような「拮抗する」とか「中間的だ」といったようなことを考えざるをえなくなるだろう。だから自由という問題はそこまで進むという意味でも、運命論と矛盾したり非両立であったりするのではなくて、運命論を考えることの中にむしろその非常に強い力をもった自由が埋まっている、というふうに考えます。

森岡　これは非常に深い話で、今後の入不二さんの進んでいく方向が見える感じですよね。いや、面白いですね。カントは「自由、頑張れ」なんだと思いますけれども、違う路線をとっている入不二さんもやっぱり「自由、頑張れ」なのですね。また、私にとって非常に勇気づけられる言葉が出たのは、「他人生不可能性」。これ、私はまったく同じことを考えていて、『まんが 哲学入門』でも書いていますけれども、この方向で考えると、すごく道が開けるんじゃないかなと思っています。あと、そういうふうに考えると、入不二さんのおっしゃった物語・解釈・ナラティブと同時にもっと倫理的な面との接触が出てくるんじゃないか。またいつか、そういう話をできればと考えています。

瞬間どうしは交流しうるのか

森岡　もう一つ。読みますね。「独立な瞬間瞬間どうしは交流しうるのでしょうか。絶対現実と相対現実は拮抗するという時、わずかでも瞬間どうしの交流が起こったりするのでしょうか。独立な瞬間、絶対現実と言っても、この現実のもつ質は、別の瞬間のそれとは違う、という意味で、何らかの差があるんじゃないか」というご質問です。ベタな現実にも質的な差異があるように思うんですけど、そのあたり何か……。

入不二　答えるのが難しい問いですね。つまり私は、今日の話の中にも現れているように、かなり分裂的な話をしているわけですね。例えば時間の話でも、ベタな時間推移という話と、未来はまったく無で、むしろ断絶を強調するような方向という二つを、両方をカップリングするような話をしています。それは私の話の特徴です。分裂しているものをカップリングするという形の議論になっているので、そういう私の観点から見ると、今の話っていうのはこう見えるわけです。瞬間って話をする時には、それはもちろん断絶して孤立しているんですよ。ただし断絶しているものを、例えば瞬間どうしを、何らかの形で接続するという話には私はいかない。接続するんじゃなくて、つなげるんだったらベタにつながっちゃうだけになるので、これが今言った「分裂している」ということに当たります。無関係的な断絶か、ひたすらベタか。私にとってはですからベタな——今言った意味での接続ではない連続ですけど——ベタな連続か、完全な断絶か、もちろんその二つがカップリングしているとしか私には言えない。つまり、瞬間どうしが数珠つながりになるということはなくて、孤立かベタかです。

森岡　つまり質みたいなものや、あるいは質の差というようなものは、入不二さんの枠組みでは捉えられないというか、捉える必要がないということですか。

入不二　それは別の問題ということだと思います。今、質って言った時に、質感であったりとか、あるいは記憶とか……。

森岡　濃密な時間とか、希薄な時間とかいろいろあるじゃないですか。

入不二　なるほどなるほど、はい。そういう「時間の感じられ方」の問題はベタな時間推移とは違う話だと思います。ベタな時間推移とは別に、もちろん心理学で話題になるような、例えば出来事がある一定の時間の中で、たくさん起こる場合と少なく起こる場合で、どんなふうに時間を短く感じるか、長く感じるか、みたいな議論とか。あるいは濃密とかと呼んでもいいんですけれども、その議論は私の話とはまったく別の認識レベルの話だと思っているので、つまりそういう心理的な時間についての感じ方の話と、時間推移という形而上学的な話は、これは別の水準の話だと思っています。だから学問分野としてもそうだし、形而上学と心理学は一緒にできない。

森岡　さっきの入不二さんのきっかけの話で、小学校の時に隣に座った、その時に……。

入不二　それはきっかけなんです。

森岡　きっかけだけですか。

会場　（笑）

入不二　それ以上のことではないんです。せいぜい、あの話は物語的（解釈的）運命論止まりですし。

森岡　いや、でもその時にね、「あ、実は好きなのかもしれない」と。その時間の濃密さみたいなものだとか、あるいは「これは運命かも」みたいなことを思ってしまう何かが、論理的運命論とつながっているという話にはならないですか。

入不二　逆に言えば、そういう濃密さをもちろんたっぷり感じているからこそ、「いや、でも時間の推移という形而上学的なレベルにとっては、実はそんな体験の中味的なことは関係ねえよな」っていうことがよく分かるのです。

森岡　それは面白いです。まだあるんですけれども、もう時間が大分過ぎていますね。じゃあもうここで終りたいと思います。みなさんに頂いたものは私と入不二さんでゆっくり拝見します。田中さん、締めの言葉をお願いします。

田中　本日は長時間お付き合い頂きまして、長い間お座り頂いているだけでも大変だったと思いますが、ありがとうございました。最初の二つの質問はこちらで選んだんですけれども、今日はたまたま男女で来てくださっている方、男性と女性の二人の組み合わせで来てくださっている方が何組かいらっしゃって、私ちょっとすぐに妄想しちゃうんで……。金曜日の夜に、他にもいろいろ行くところがあったはずなのに、このイベントを選んでくださって、何かそういう方たちに、今日来てよかったって思えるような質問をちょっとしたいなと思って、その二つを選びました。その、何か、効果があったかなというのも心配しているところなのですが……。本当に今日はおいで頂いてありがとうございました。

第III部

言い足りなかったこと、さらなる展開

第3章

時間と現実についての補遺

入不二基義

1　ベタな時間推移か、無でさえない未来か

まず、私の発表の最後で、時間切れになって十分な説明ができなかった「時間」に関わる論点を補足する。それは、「あらかじめ」という考え方が成立しなければ、運命論につながらずに済むか？　という論点である。

この点に関わる議論の進め方は、択一的（排中律的）になる。「あらかじめ」という考え方が成立するかしないかで二つに分かれていて、成立する場合には、つまり「時制的な視点移動」を受け入れる場合には、運命論が導かれる。未来のことであっても、あたかも過去のことのように扱うことができるからである。

では、成立しない場合には、つまり「時制的な視点移動」を受け入れない場合には、運命論は導かれない……のだろうか？　いや、そうはならない。「時制的な視点移動」を受け入れない場合にも、それはそれで、また別種の仕方で運命論へと繋がる、というのが私の見立てである。今回の発表では、「あらかじめ」という時制的な視点移動を認める方向で話を始めた。最後の方で少しだけ、「あらかじめ」という時制的な視点移動を受け入れない場合にも触れたが、時間切れで端折ってしまった。そこで、この第3章では、そちらの方向性についての説明を補

足しておきたい。つまり、次のように二つに分かれていて、その二番目の選択肢について説明を加えたい。

A.「あらかじめ」が「可」の場合 → 運命論に繋がる
B.「あらかじめ」が「不可」の場合 → 運命論に繋がらずに済むか?

Bの「不可」の場合が、さらに二つに分かれることになる。一つが「時間推移のベタ性」に依拠することで、「あらかじめ」という時制的な視点移動を無効化するやり方である。言い換えれば、そもそも時制区分(過去・現在・未来)を無化するものとして時間推移を考えるという方向である。もう一つが、むしろ逆に(時制区分を無化するどころか、その特殊性・独自性を強調して)「未来を特別視する」という方向である。言い換えれば、「未来」という時制の特別さを、視点移動の不可能性(「あらかじめ」という視点の取れなさ)に見出そうとする方向である。結局、時制的な視点移動(あらかじめ)を無効化する方向には二種類あって、一つは「ただ流れるだけのベタな時間推移」を強調する方向で、もう一つは「無としての(いや無でさえない)未来」を強調する方向ということになる。まとめると、こうなる。

A.「あらかじめ」が「可」の場合 → 運命論に繋がる
B.「あらかじめ」が「不可」の場合 → 運命論に繋がらずに済むか？
→(1) ベタな時間推移 → それでも運命論に繋がる
→(2) 無でさえない未来 → それでも運命論に繋がる

(1) ベタな時間推移

(1)の「ベタな時間推移」という方向から考える。「なる」という時間推移と「過去・現在・未来」という時制区分との間には、どのような繋がりがなくてはいけないのか？「過去・現在・未来」が、時間に関わる三区分であるためには、単に三分割されているだけではダメで、三領域のあいだに時間的に動的な関係がなくてはならない。つまり、「未来もやがて現在になり過去になる」と言えるような動的な繋がりが、三領域の間にはなくてはならない。それを可能にしているのが「なる」（時間推移）である。

この時間推移の「なる」は特別な「なる」であって、「水が水蒸気になる」のような状態変化の「なる」とは根本的に違う。状態変化の「なる」は、異なる状態（XとY）の間の二項関係（Xが

Yになる）であるが、時間推移の「なる」は状態が異なることを含意しない。状態が変化するかしないかは、時間推移とは無関係である。たとえXがXのままであっても、つまり状態は何ら変化しなくても時間だけは推移する。

しかも、「なる」（時間推移）は、過去・現在・未来の「あいだ」を繋ぐように働くだけではなく、過去・現在・未来それぞれの時制内部においても、働いていなくてはならない。すなわち、未来は未来において時間が推移しなくてはならないし、現在の内であっても過去の内であっても、時間は同じように推移していなくてはならない。時間推移は、過去・現在・未来の区別にかかわらず、一様に働く。

さらに、「未来もやがて現在になり過去になる」とは言えるが、三領域の「境目」＝「区切り」が（変動的にさえ）実際に引かれているわけではない。「なる」という時間推移は、ただひたすら遍く（無境界的に）働くだけであり、その推移の上に便宜的に時制の区分が与えられるだけである。要するに、時間推移（なる）自体は時制を持たないし、時間推移（なる）は時制の境界（過去・現在・未来）を超えてしまう。

以上のことから、時制区分よりも時間推移（なる）の方が、時間論的により基礎的であると言うことができる。時制区分が時間的なものであるためには、時間推移（なる）がなくてはならないが、時間推移（なる）自体は時制区分を必ずしも必要としないからである。時制区分が言語的な装置であるのに対して、時間推移（なる）は、その言語的な制御を常に逸脱・越境する時間の実質であり、（前景化することなく）背景的にのみ働く。

時間推移（なる）は、時制の三区分と無縁であるだけでなく、いかなる速度も持ち得ないし、計測の対象にもなり得ない（数値を持ち得ない）まま、しかし「動く」。その意味で、時間推移は「原 – 運動」である。時間は唯々《ただただ》推移するのみであって、それに対するいかなる言語的な装置によるアプローチも無効化される。もちろん、「視点移動」という時制的な制御もまったく無力である。むしろ「視点移動」のその「移動」の裏にさえ、時間推移（なる）は先回りして貼り付いていて、（「移動」は制御できても）「原 – 運動」を制御する術はない。

このような時間推移（なる）は、通常の（断絶・切断と対比される意味での）「連続」以上の「連続」でなければならない。つまり、差異・区別を前提にしたうえで繋がりや関係があるという意味での「連続」ではない。そもそも差異・区別が意味をなさないような「一様さ」が、時間推移の「連続」である。この「連続以上の連続」である「一様さ」のことを、「ベタ」と呼んでおこう。

時間推移（なる）の「ベタ」というあり方に焦点を合わせるならば、「運命」とは、「特定の内容の出来事があらかじめ決まっていて確定していること」ではなくなる。そもそも「ベタ」

には内容がない。時間推移（なる）に伴う「運命」とは、「内容の確定」よりもっとずっと強力な「そうであるしかない」である。どんな内容の出来事であるかに関わりなく、またその内容が「あらかじめ」決定されているかいないかにも関わりなく、ベタな時間推移（なる）は、唯々《ただただ》「そうであるしかない」。「一様であること」の必然性と言ってもいい。「運命」とはその特殊な必然性の別名なのである。「なるようになる」という表現は、少なくともその表現の一部分は、その一様さ（必然性）を表そうとしたものである。

こうして、「あらかじめ」という時制的な視点が無効になることが、（運命論の却下へと繋がるのではなくて逆に）運命論の強化へと繋がっている。これが、Bの⑴の「ベタな時間推移」という方向性である。

⑵　無でさえない未来

次に、Bの⑵の「無としての（無でさえない）未来」という方向を選んだ場合には、どうなるか。その先には、「ケセラセラの運命論」が待っている。

Bの⑴のようにベタな時間推移によって完璧に一様化されてしまうことに対して、強い抵抗を感じる人が多いだろう。たとえば、「未来」はまだ実現していない時なのであって、ベタな時間推移は「未来」に対しては及びようがないのではないか？　そう感じる人は、「未来」という時間の特別さ（過去や現在とは違って、そもそもまだ無い！）に頼ることで、ベタな時間推移に抵抗して、運命論を却下できるかもしれないと考えていることになる。

であるならば、「未来」を徹底的に特別視してみよう。それは（少なくともその一つのやり方は）、ベタな時間推移を未来へは延長せず、「過去・現在」と「未来」との間の差異・断絶を決定的なものとして重視することである。

ただし、「（過去・現在は）すでにある」のに対して「（未来は）まだない」という程度の差異の付け方では、まだ弱すぎて決定的なものとは言えない。というのも、「ある／ない」という差異・断絶では、「すでに」と「まだ」という時間によって架け橋されて繋がってしまうからである。その程度の（架け橋されてしまう程度の）差異・断絶では、背後の時間推移において繋がってしまわざるを得ない。「まだない」ということは、「やがて「ある」ようになる」ことを含んでいることになって、ベタな時間推移（なる）に回収されてしまう。つまり、差異・断絶は暫定的なものに留まり、決定的なものにならない。

そこで、未来という時制を特別視したいならば、「やがて「ある」ようになる」ことを一切含んでいない「ない」こそを、未来時制へと割り当てる必要がある。「ある」へと決して転化することのない「ない」こそが、「未来」の徹底的な「なさ」なのである。もちろん、「未来のことは、やがて現在のことになり過去のことになる」と言える側面があることも確かである。しかし、その「なる」という繋がりにおいては決して受け継がれることなく、「現在や過去になってしまう」ときには決定的に失われてしまう「なさ」こそが、未来の徹底的な未来性なのである。

そのような未来は「無としての未来」ではあるが、「無としての」はまだ不十分な表現である。「無としての」は「有としての」との対比を当然ながら呼び寄せることになり、その有・無の対比が、対比を貫くもの（時間推移）を再び呼び出してしまう。その（有と対比された）「無」は、たとえば計画中の旅行や図面に描かれた家などが「実際にはまだ存在していない」というのと同程度の「なさ」に成り下がってしまう。それは、何らかの仕方で（計画や図面などを通して）認識されうる「無」である。

しかし、未来が徹底された意味で「無」であるとは、計画であれ図面であれ（その他予測という形であれ期待という形であれ）、およそどんな仕方においても「ない」ということでなくてはならない。つまり、いかなる仕方での認識も及びようがない「無」でなくてはいけない。何らかの仕方で「ある」と連関してしまうならば、未来の「なさ」も「無としてある」こと（認識されうる「無」）へと転落してしまう。その転落に抗う未来の特別さとは、そのような「無としてあることですらないい」（認識が及びようのない「無」）という「なさ」にある。

このように未来という時制を徹底的に特別視してもよいとすれば、たしかに過去・現在と未来との差異・断絶は、決定的なものとなる。それは、「ある／ない」の差異・断絶ではなくて、「ある・ない」と「ない以上にないこと」の差異・断絶である。過去・現在と未来のあいだに、その強い断絶性を見出してもよいならば、つまりBの(2)の方向へと進むならば、今度こそ運命論に繫がらずに済むのだろうか？　いや、そうはならないのである。なぜだろうか？

「未来」は、それほど強く「ない」（ない以上にない）にもかかわらず、しかしやがて到来するという側面（現在・過去との連続性）も持っている。これは時間の矛盾的な姿の一局面であるが、その未来の矛盾的な二面性に応じて、「現在」のあり方もまた独特なものになる。

「現在」は、無ですらないこと（ない以上にないこと）から、なぜか忽然と湧き出し続けるという描像が、その未来の二面性に対応する。「現在」は、そうやって唐突に湧き出さない限り、「無ですらない」のであって、いかなる形でも（「無」としてさえも）控えてなどいない。忽然と湧き出していることが、そもそもの出発点であって、その後で、「まだ「無」であった未来のことが、現在になって実現した」かのようになる。現在と未来のあいだには、何の繫がりもあり得ないにもかかわらず、現在（そして過去）になってしまえば、その内側においては繫がりが以前から（未来に）控えていたかのようになる。「現在」は、自らの忽然性・無縁性を忘れ去ることによって、湧き出し続ける（湧き出すことの連続性を保つ）ことができるようになっている。

この「未来のなさ」や「現在の忽然性」に焦点を合わせるならば、仮に過去から現在へ向けては「原因Xが結果Yを引き起こした」とは言えるとしても、現在から未来へ向けては「原因Xが結果Yを（これから）引き起こす」とはけっして言えないことになる。現在と未来のあいだの決定的な無縁性によって、因果関係はそもそも無効化されてしまうからである。その不成立は、「未来の結果はまだ現在のところ分からない」という程度の認識論的な切断ではない。未来は「無でさえない」ために、そもそも因果関係であれ他のいかなる関係であれ、それを投げかけてみる「先」としてさえ「ない」。未来は、過去・現在とは存在論的に無関係なのである。

そのような「無でさえない未来」は、実は運命論的である。もちろん、それは「あらかじめ特定の出来事が起こることが確定している」という意味での運命論ではない。しかし、「あらかじめの確定」とは逆の「いま何をするかによって、これから先の未来を変えることができる」「いまの選択が未来を創り上げていく」という発想（反運命論？）もまた、「無縁な未来」「忽然と湧く現在」という発想によって無効化される。

むしろ、「無縁な未来」「忽然と湧く現在」は、「ケセラセラの運命論」に通じている。スペイン語由来の「ケセラセラ」は、「なるようになるさ」と訳すことができるが、現在と未来との無縁性に対して、軽快な解放感を感じさせる表現になっている。「なるようになる」という表現は、「時間推移の一様さ（必然性）」を表すと解釈することもできたが、正反対のように見える「未来の無縁性＝現在の忽然性」とそれを受容する態度を表すこともできる。どちらにしても（一様さであれ、無縁・忽然であれ）、「（現在から影響を及ぼすことで）未来を変える」という反運命論的（あるいは常識的）な発想は失効する。そういう徹底的に無関与な仕方で、「時は流れ」「現在は湧く」のみである。「ケセラセラの運命論」は、たとえば「今どんな予防策を取ろうとも（あるいは取らなくとも）、これから先死ぬ時は死ぬし、死なない時には死なない」と考えるし、「現在と未来のあいだに繋がりはなく、今現在の時点で未来のことを思い煩っても仕方がない」という態度を取る（拙著『あるようにあり、なるようになる』で論じた「ロンドン空襲の挿話」を参照）。これもまた、運命論の一つの姿なのである。

こうして、「ベタな時間推移」と「無でさえない未来」という時間の両極端のあり方は、どちらも「運命論」へと通じていることになる。そしてまた、その両極端の「中間」においては、未来のことを過去のことのように捉えることを可能にする時制的な視点移動——あらかじめ——が働いている。未来のことを過去のことのように捉えることもまた、運命論を招き寄せる。

ということは、時間に関するどの捉え方を選ぶとしても（両極端であれ中間であれ）、運命論からは逃れることができない。それ自体が「思考の運命」である。

このような私の時間観は、森岡の「「今」という土俵の中で「過去」と「未来」が湧き上がる」「「今」の土俵の中で「過去・現在・未来」という観念が生じる」という時間観とは、似ている点もあるが、いくつかの点ですれ違っている。私が述べた「忽然と湧く現在」は、「土俵の中で湧き上がる」のではなく、むしろ、その土俵そのものが忽然と湧くということに近い。また、「無でさえない未来」は、そもそも「観念」ではありえない（無という観念ではない）し、「土俵の中で生じる」こともありえない。むしろ、けっして土俵の中に入り得ない（端的な無関係である）にもかかわらず、土俵の中の観念としても無理やり登場させられてしまうこと（無関係という関係）が、「未来」という時制にとっては本質的であると考えている。

2　現実性と様相と潜在性

森岡は、疑問点2のところで「必然性と偶然性」という論点を提出している。「現に存在する」ことの必然性と偶然性を、自著の『まんが　哲学入門』に言及しながら、「世界の存在の必然性が偶然開かれたと考えるとすべては解けるんじゃないのか」「世界が存在するという奇跡が必然的に選ばれた」と述べて、「避けようのない奇跡」という素敵な概念を与えている。

「現に存在する」ことの必然性という論点は、「神の存在証明」の問題にダイレクトに繋がっているので、会場での私のリプライは、もっぱらその問題をめぐる形になっていて、元々の森岡自身の考え方（「必然の偶然性」「偶然の必然性」とまとめられる）へのリプライができていなかった。そこで、以下の「(1) 現実性と様相（必然・偶然）」において、必然と偶然という問題についてリプライを加えておきたい。

また、森岡の疑問点3は、「可能性と潜在性」である。可能性に関しては、「森岡はカエルである」という例を使いながら、この現実（絶対現実）と可能世界はどのような関係にあるのか？という疑問が提示されていた。両者は一見切断されているように見えるとしても、可能世界は現実世界の中にあるのではないか？　というのが森岡の提示した疑問である。

私のリプライは、森岡の使用した例が固有名「森岡（正博）」を含んでいることに拘っていた。疑問点1においては、人称性（と〈私〉性）の問題が提出されていたので、それとの関連で、指標詞的に現実世界を考えるD・ルイスと、固有名によって固定指示される現実世界から出発するS・A・クリプキとの対比が、念頭にあった。だから、私が言わんとする現実（絶対現実）

は、固有名的な現実でもないし、指標詞的な現実でもないということを強調しようとしていて、そのせいで、森岡の提示した問題とは、うまく噛み合わなかったのかもしれない。

それでも、とりあえず「可能性」のほうに対しては少しはリプライをしていたが、「潜在性」のほうに関しては、そもそも応答をしていなかった。だから、以下の「(2) 現実性と潜在性」では、潜在性について説明を補っておきたいと思う。

(1) 現実性と様相（必然・偶然）

現実と様相（必然や可能や偶然）を組み合わせて考えようとすると、種々の問題が発生する。運命論をめぐる問題の一局面は、「現実は必然なのか偶然なのか」という問いとして現れる。もちろん、「現実は必然である」とも「現実は偶然である」とも単純には言い切れないからこそ、運命論が問題として立ち現れる。

「必然か偶然か」という問いに、端的にはどちらか一方であるとは答えられないので、運命（現実と必然・偶然の組み合わせ）とはどのようなものかを、さらに探究しようとすると、次のような選択肢が出現する。

(1) 現実は、ある観点から必然であり、別の観点から偶然である。
(2) 現実が必然であることは、偶然的である。
(3) 現実が偶然であることは、必然的である。
(4) 現実は、必然かつ偶然である。
(5) 現実は、そもそも必然でも偶然でもない。

それぞれの選択肢は、必ずしも排他的なものではないが、各々の選択肢には固有の特徴があるし強調点が違う。まず大雑把に一括《くく》りにすると、「必然とも言えるし偶然とも言える」という両肯定の点では共通しているのが、(1)~(4)である。それに対して、(5)だけは両否定で応じようとしている。(1)~(4)は、それぞれ違う仕方でではあるが、現実に対して両様相を適用している。しかし、(5)だけは両様相とも認めない。ということは、(5)は、現実に対して様相(可能性=必然+偶然)の適用を拒否していることになる。

さらに、(1)~(4)について言えば、(1)は観点を複数化しているので矛盾には陥らないが、(4)は「かつ」によって矛盾的になっているという違いがある。また(2)と(3)は、観点ではなく階層(レベル)を分けることで、つまり(2)は偶然性の高階化によって、(3)は必然性の高階化によって、両様相を共に肯定しようとしている。(2)は必然性の偶然化（高階の偶然性）であり、(3)は偶然性の必然化（高階の必然性）である。117〜118頁でふれられていた森岡の考え方は、この(2)と(3)の両方を認めることに相当するだろう。それは、高階のレベルを使うことで「必然とも言えるし偶然とも言える」ようにする考え方（両肯定）である。

では、私のほうの考え方はどうなるか。私は(4)と(5)の両方を認めることで、現実と様相のぎりぎりの接点を、「様相の潰れ」から「無様相」へと向かうところに見出そうとしている。(4)を「様相の潰れ」の兆候として、(5)を「無様相」の一表現として受け取ったうえで、「絶対現実と様相システムの相克」という形而上学的な問題として、私は運命論を扱っている。発表の中でも述べたように、私の主題は、形而上学的運命論であって、因果的決定論でも物語的（解釈的）運命論でもないし、また論理的運命論それ自体でもない（それを書き換えようとしている）。

もちろん、形而上学的運命論を主題とするからといって、(1)〜(3)の選択肢を捨て去る必要はない。いやむしろ、「運命」という問題一般を考えるためには、（運命の捉え方に応じて）(1)〜(3)のすべてが関わってくる。さらに、物語的（解釈的）運命論を主題にする場合には、「偶然的な出来事が、物語（解釈）の介在によって必然化する」という仕方で、つまり「偶然が必然へと（ストーリーによって）転化する」という仕方で、偶然と必然が同居することになるだろう。

このストーリー介在的な「偶然の必然への転化」は、(1)〜(4)のどれともまた異なる仕方で、両様相を共存させようとしている。

私が(4)と(5)のところに焦点を合わせるのは、(4)を「様相の潰れ」の兆候として、(5)を「無様相」の一表現として捉えるからである。形而上学的な水準での運命論とは、「現実」と「様相」との「関係と無関係」の問題であり、「関係と無関係」の拮抗（中間）としての「運命」は、「あるようにあり、なるようになる」と表現できると考えている。

現実の現実性（現に）は、否定の作用域の外で働く力であり、そもそも可能性という相の下にはない。つまり現実は、「どのようであるか」という内容とは無関係に、唯々《ただただ》「現に」というだけであり、他なる可能性（様相）を持つことができない――内容と否定なくして様相なし――。そのように現実は無様相であるから、そもそも「必然である」のでもないし「偶然である」のでもない。必然でも偶然でもないということは、可能性（＝必然＋偶然）という様相のベースが、そもそも現実に対しては適用されないということである。(5)は、そのような「無様相」の一表現である。

そうは言っても、「現に」というあり方（現実）は、特定の内容で満たされているではないかと思われるかもしれない。「現にかくかくしかじかである」のだから。そのように内容によって満たされた現実が、相対現実である。「現にかくかくしかじかである」ことによって、その「かくかくしかじか」の部分が、否定や他の可能性へと開かれた開口部になる——内容と否定が様相を開く——。すなわち、相対現実とは、特定の内容を持ち、様相の下に置かれた（別様であることも可能な）現実である。

こうして、「かくかくしかじかである」こと（肯定）が、「かくかくしかじかではない」こと（否定）を対比相手として持つようになって、そこに必然性と偶然性の交錯が入り込んでくる。「である」は、（内容「かくかくしかじか」を経由して）否定が可能であるという意味での「偶然性」を帯びる。「かくかくしかじかではなかった」かもしれないのに、なぜだか偶々《たまたま》「かくかくしかじかである」というわけである。

しかし、実際にそのように成立していること（真であること）は、それを否定できることに先立たざるを得ない（否定は遅れざるを得ない）。その「ざるを得ない」（先立つ肯定性は否定不可能）によって、「である」は「必然性」も帯びる。このように、必然性と偶然性がいっしょに（同時に）働かざるをえないのが、事実性の水準（現にかくかくしかじかであること）である。この事実性の水準が(4)に相当する。

様相区分としては正反対のはずの偶然性と必然性が、事実性の水準においては、いっしょに

（同時に）働く。様相間の安定した秩序・領域区分（可能性＝必然性＋偶然性）が、乱れて歪んでいることになる。さらに進んで、「いま現にかくかくしかじかである」とき、その「かくかくしかじかである」という事実が、いまの現実の可能性の全てであると（メガラ派のように[*1]）考えるならば、「現実性＝可能性」ということになる。こうして、「現実＝可能＝必然＝偶然」となって、様相は潰れることになる。(4)は「様相の潰れ」の兆候である。

「様相の歪み」や「様相の潰れ」は、無様相の現実性へ向かう途上にある。それらは無様相そのものではないけれども、様相の秩序が安定的には作動しない段階に至っている。そのような「歪み」や「潰れ」は、純粋な現実性と様相システムの中間で生じていて、両者の「際《きわ》」を指し示している。

(4)と(5)を経て「純粋な現実性」（無様相）へと向かうベクトルと、(4)と(5)を経て(1)の方へと、さらには安定した（体系化された）様相システムへと向かう逆向きのベクトルとが、拮抗し釣り合っているところが、形而上学的な「運命」のポジションである。

＊1　アリストテレス『形而上学』によれば、メガラ派は「何であれ、それを現にやっているときにのみそうできるのであって、現にやっていないときにはそうできない」という考え方をしていた。それは、現実化していない可能性という独自の領域を認めずに、現実性と可能性を一つ

に重ねてしまう「不合理な」考え方であると、アリストテレスは批判している。
メガラ派は、ソクラテスやエレア学派等の影響を受けた学派で、争論術にすぐれ、争論学派とも呼ばれる。メガラのエウクレイデスを創始者とする。

(2) 現実性と潜在性

森岡のスライドM－⑥、M－⑦「潜在性について」を見ると、「顕在と潜在」「現実性と潜在性」「潜在性と可能性」「記述可能と記述不可能」などの「対」に関わる問題が提示されていることが分かる。それらの点について、発表では応答する時間がなかったので、私がどのように考えているかを述べておこう。

私が強調したいのは、次の点である。「顕在と潜在」という対は「現実と潜在」という対とはまったく異なるし、「潜在性」は「可能性」とも大いに異なるということである。さらに、「記述可能と記述不可能」という対は、「顕在と潜在」という対とも重ならないし、「現実と潜在」という対とも重ならない。

まず、「顕在と潜在」という対は、現れていることと現れていないこと（現前しているか否か）という対だとすると、それは認識論的な水準での対立である。「現実性（現に）」はその水準の上にはない。むしろ、現れていようが現れていまいが、どちらにしても「現に」そう（現に現れている／現に現れていない）なのであって、「顕在と潜在」という対自体が「現実性（現に）」の作用域内にある。これは、「現に」が一番外側で透明に働き、否定が働き得ないことからの帰結である。言い換えれば、潜在は（現れていなくとも）現実である。

たとえ図式的に「現実＝顕在＋潜在」と表現するとしても、それは正確には、現実性が顕在と潜在（現前と非現前）の区別を超えて遍在的に働く力だということを表すだけであって、顕在的な現実と潜在的な現実という二つの別の現実領域が存在し、その和が現実全体であるということではない。そこで、「現実性と潜在性」という対を作るとしても、それは「現前と非現前」「現れと隠れ」という対とは全く異なることになる。

そもそも「現実性と潜在性」は、通常の対比関係にはない。「現に潜在している」のでなければならないし、もし「現に」ではないとすると、それは潜在ではなくて「現実ではない可能なもの」に変わってしまう。言い換えれば、潜在性はどこまでも現実的であるのに対して、可能性のほうは、現実を自らの一部（局所）として馴致しようとする様相システムの働きである。潜在性と可能性は、現実性に対する関係の仕方において全く異なる。

「潜在性はどこまでも現実的である」だけではない。「現実性はどこまでも潜在的である」。「現に」という現実性は、一番外側で透明に働いている力なので、厳密には「現に」という副詞句や「現実である」という述語によってさえ、書き出して可視化することはできないし、その必要もない。その「一番外側で透明に（不可視に）働く」ということは、「潜在的に働く」ということに他ならない。純粋な現実性は、潜在的に働いている。

「現実性と潜在性」の関係は、通常の対比関係ではなく、メビウスの帯の表と裏のような関係にある。表を辿っていくと裏になり、裏を辿っていくと表になる。すなわち、「現実性はどこまでも潜在的であり、潜在性はどこまでも現実的である」。この表現が、現実性と潜在性の関係をうまく表していると思う。

図式的に「現実＝顕在＋潜在」と表現してしまうと、「現実は、記述において現れている部分（語りうる部分）と記述不可能な現れていない部分（語りえない部分）の和であるという誤解にも繋がりかねない。そのように受け取ってしまうことは、「記述可能と記述不可能」という対と「顕在と潜在」という対と「現実と潜在」という対を、全部一緒くたにしてしまうことになる。「顕在と潜在」という認識論的な水準の対立は、「記述可能と記述不可能」という意味論的な水準の対立とは別物である。というのも、「記述不可能ではあるが、ありありと現れている」「記述不可能なものが現前している」という事態も、逆に「記述可能ではあっても、現前していない」「記述可能なものが隠れている」という事態も、ごく普通に認めうるからである。

さらに、「現実性と潜在性」という対は、どちらも「記述不可能」の側に割り振られる。その対は「記述可能と記述不可能」という対とは重ならない。ただし、共に「記述不可能」なのは、現実性と潜在性が、ことばでは言い尽くせないほど繊細で豊穣な内容を持っているからではない。むしろ、逆である。記述（ことば）にとっては本質的であるような確定的な「内容（差異）」を、現実も潜在も一切持っていないことによって、共に記述不可能なのである（現実は無内包であり、潜在は無限内包であることによって）。

「記述可能と記述不可能」という対と対応するのは、「顕在と潜在」でも「現実と潜在」でもなく、「可能性と現実性（潜在性）」という対である。ことばで描写できること（記述可能）と可能性として認識されうること（認識可能）が一致できるならば、記述可能性が可能性になる。また、現実性（潜在性）はその可能性の範囲の外から働く力なので、記述不可能と現実性（潜在性）が対応する。この意味においては、森岡が「何を記述してもそれは全部可能世界になっちゃうんじゃないか」と語っていたことに、私も共感できる。現実性・潜在性は、記述（内容や否定）が与えられてしまうと可能的なものへと変質してしまうが、それでも、そのような可能なものの範囲の外から働き続ける力として、現実性・潜在性は現に作動している。

※

補足すべきことは、まだいくらでもあるが、今回はここまでにしておこう。なお、この補遺の内容に密接に関係した拙稿として、次の三本の論文を挙げておきたい。この三本は「三部作」的な関係にある。参照していただけると、ありがたい。

1 「現実性と潜在性」（青土社『現代思想』二〇一七年一二月臨時増刊号・総特集＝分析哲学、pp. 30-47.）
2 「事実性と様相の潰れと賭け」（日本記号学会『セミオトポス13』二〇一八年、pp. 18-44.）
3 「現実の現実性と時間の動性」（京都大学哲学論叢刊行会『哲学論叢44』二〇一七年、pp.1-15, https://repository.kulib.kyoto-u.ac.jp/dspace/handle/2433/230317）

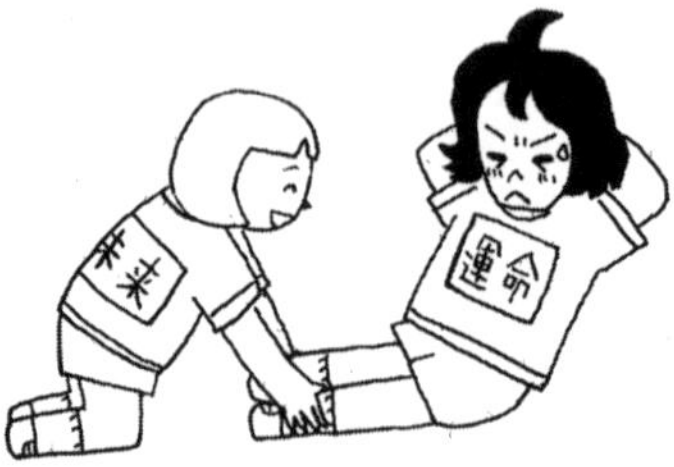
未来
運命

第4章
運命と現実についてもういちど考えてみる

森岡正博

1　「無でさえない未来」の概念をなぜ持ち得るのか？

第2章の入不二の講義は、早稲田大学で行なわれたイベントの記録に手を入れたものである。当日はあまり時間的な余裕がなかったので、入不二は準備していたスライドの後半部分をしゃべることができなかった。前章で入不二はしゃべれなかった部分を文章化してくれた。そこでは、「現代哲学ラボ」が終わったあとから現在に至るまでの入不二の新しい思索の一部も紹介されている。たいへん面白い論点がちりばめられているので、私はまず入不二の文章に対してコメントを行ない、そのあとでふたたび入不二の講義について検討することにしたい。なお、これ以降、私は、自分ではっきりとは分かっていないことをも書いていくので、あちこちで明瞭さを欠くことになるだろうが、それでも読者にとって何かのヒントになれば幸いである。

入不二は「無でさえない未来」という概念を導入する。それをもう一度説明しておこう。

まず出発点として、「過去」と「現在」は「すでにある」。しかし「未来」については「まだない」。時間が流れるとは、その「未来」がやがて「現在」になり「過去」になることを意味している。ここで起きているのは、「まだない」が「すでにある」へと変化することである。

ここまでは常識的な考え方であるが、入不二はさらに次のように掘り下げていくのである。

すなわち、「未来はまだない」と言ってしまうと、それは「まだない」ものが時間の経過にともなって「やがて「ある」ようになる」というニュアンスをどうしても含み込んでしまう。そして、その結果として、「未来」の「まだない」という特質が、いわば「ある」によって汚染されてしまうのである（入不二は「汚染」という言葉は使っていない）。ここから分かるのは、もし仮に汚染されていない純粋な「未来性」というものがあるとしたら、それは〈時間の流れによってやがて「ある」ようになることを一切含んでいないような「ない」〉でなくてはならないということだ。すなわちそれは、時間の流れによって「現在」や「過去」になろうとする勢いに逆らいつつ、どこまでも向こうへと逃れ続けるような「未来」でなくてはならない。

それは「無としての未来」というふうに表現できるような気もするが、実はそれでは不徹底である。なぜなら「無としての」という表現は、その対義語として「有としての」という表現を連想させてしまい、その「無」が時間の経過にともなってやがて「有」になるというニュアンスを生じさせてしまうからである。入不二は次のように書いている。

何らかの仕方で「ある」と連関してしまうならば、未来の「なさ」も「無としてある」こと（認識されうる「無」）へと転落してしまう。その転落に抗う未来の特別さとは、そ

のような「無としてあることですらない」（認識が及びようのない「無」）という「なさ」にある。（185〜186頁）

したがって、「未来」の真の「未来性」は、「無でさえない未来」というふうに表現されなければならない。入不二はこれを、「未来」を特別視するルート（Bの⑵）を通ったときに至る帰結であるとしている。

この点について、私は次のような疑問を持つ。すなわち、「未来」は「現在」とはまったく異なっており、「現在」から見たとき「未来それ自体」は「無」であるから、「未来それ自体」は「無としての未来」だというのはよく理解できる理屈である。しかしながら、「無としての未来」は「現在」の「有」に「なる」と連想されるがゆえに不徹底であり、したがってその不徹底さを避けるためには「無でさえない未来」と言わなければならないとするのは、どこにも対応物のないものを名指そうとする誤りに陥っているのではないか。なぜかというと、「無でさえない未来」と言ったところで、その言葉の中には「無」という単語が残っているのだから、私たちがその言葉を目にしたとたん、「無でさえない未来」は「無」の対義語の「有」と連続性を持ってしまうはずだからである。やはり不徹底さは残ってしまうのだ。だとすると「■でさえない未来」

などと言わなければならないことになるが、しかしこの言葉だとそもそも何を言おうとしているのかを伝えることができない。

さらに別の視点から見てみれば、私たちが「無でさえない未来」という概念を持ってしまったそのときに、それはまさに現在そのような観念を持ってしまった私たちによって、「現在の有」へと結びつけられてしまったと言えるはずである。すなわち、「無でさえない未来」という概念によっては、「無でさえない未来」という概念の導入によって本来言いたかったことを言うことができないのである。「無でさえない未来」という概念は、現在それを把握している私たちから無限に遠くへと離れていなければならない。しかしその概念が現在把握されている以上、その無限の距離はすでに有限へと汚染されてしまっている。すなわち、「現在」に汚染されることのない「未来」の絶対的な「無」性ということを、私たちはそもそも言えないはずである。しかしながら、面白いことに、それがそもそも言えないということを主張する私の言明もまた、私が真に言いたいことを正しく表現できてはいない、という点にも注目すべきである。なぜなら、私はいま「何が言えないか」という内容を言ってしまっているが、しかし本来その内容は言葉によって言えてはならないはずのものだからである。したがって、「無でさえない未来」という概念によって本来言いたかったことは、言えているとも、言えてないとも言えないという結論になるはずである。私たちは、言語のある種の極限状況にまで来ている。入不二は「「無でさえない未来」は、そもそも「観念」ではありえない」（189頁）と書いているが、しかし「無でさえない未来」が言葉を用いて表現され得る「概念」であることは間違いないだろう。それが「概念」であるとすれば、私がいま述べたことは意味を持つはずだ。

私たちから完全に切り離されたものを私たちが言い取ろうとするときに、この種の難問がかならず起きてくる。いくつかの例をあげておこう。私たち人間から完全に切り離された超越神というものを私たちが言おうとしても、それを言うことはできない。なぜなら、私たちがそのような超越神について語った瞬間に、私たちがそれについて語るという行為によって、その超越神は私たちとつながってしまい、それは私たちから完全に切り離された超越神ではなくなるからである。私たちは超越神について語ることによって、超越神とつながってしまう。デカルトは『方法序説』のなかで、なぜ不完全な人間が「真に完全な存在の観念」を持っているのかと問い、それは真に完全な神がその観念を人間の外側から人間の内部へと置き入れたからだ、と答えている。この場合も、置き入れという形で神は人間と接続していると言える。

もし超越者の超越性、すなわち「切り離されている」という状況をきちんと言おうとすると、それはレヴィナスが試みたような「他者の他者性」という考え方、すなわち向こうから一方的に到来しつつ、それをこちらが捕まえようとすると今度は無限に後退していく運動そのものとして、それを言わなければならないだろう。もちろんそれはハイデガーが「ある」ことを「退去」として捉えようとしたことの路線上にあるし、さらにさかのぼればカントの「物自体」のパラドックス、すなわち私たちは物自体をけっして経験することはできないが、物自体について思考することはできる、「しかしそれはいったいなぜなのだ？」という謎にまで至るだろう。

話を戻せば、私たちが「無でさえない未来」という概念を持ち得たとして、それは「無でさえない未来」という概念で本来言おうとしたことを言えてないし、それが言えてないこともまた言えてないということになる。これは時間性の謎とともに超越性の謎にもかかわっていると考えられる。ひょっとしたら「無でさえない未来」という概念は、言葉の機能が生み出した、対応物のない単なる幻想であるかもしれない。しかしだからといってその概念が無意味だということにはならない。禅においては「父母未生以前」[*1]という公案が出される。これは「父母未生時」よりもさらに「前」を指しており、解釈によっては対応物のない単なる幻想であると言えそうだが、しかしその概念が無意味だということにはならないだろう。しかし、ひるがえって考えてみたときに、もし「無でさえない未来」という概念が無意味ではないとしたら、それはどのようなふうにして有意味なのだろうか。あるいはその概念は無意味でも有意味でもなく、単にその両者の拮抗点をさまよう動的な謎のようなものだろうか。

　ところで、そもそも「現在」について、それが「ある」と言ってよいのだろうか。「現在」が「ある」と言われる理由は、私が「現在」を経験していると考えられるからである。しかし、私は「現在」をほんとうに経験しているのだろうか。目の前のコップのような物体の場合、私がコップを経験しているときそのコップが「ある」と言うのは、とりあえず正しいように思われる。手を伸ばせばコップに触ることができるし、コップを使って水を飲むこともできる。しかし「現在」に関しては、私は「現在」を見ることもできないし、触ることもできない。したがって、私はコップと同じような意味で「現在」を経験しているわけではない。「現在」というのは経験の対象なのではなく、むしろ経験を可能にしているところの基盤のようなもの、たとえばコップを載せて下から支えているトレーのようなものであると考えられる。だとすると「現在」はどのような意味で「ある」と言えるのだろう。時間を実在するものと考えるにせよ、主観側の枠組みと考えるにせよ、この論点は残り続ける。

「現在」はコップがあると同じような意味では「ある」とは言えず、しかしそれ自体「ない」とも言えないようなものであるなら、「現在」の「現在性」を表わしているのは「あるとかないとかを下から支えているところの現在」であるということになりそうだ。あるいは、「下から支えているところの」と書いてしまうと、そういう「下」があるかのような転落の罠にはまるから、入不二の「無でさえない未来」になぞらえて言えば、「あるとかないとかを下から支えているところでさえない現在」となるのかもしれない。しかし、そう言ったところで、私たちが「現在」の「現在性」に届くことはないだろう。

＊1　ぶもみしょういぜん。禅宗の語で、自分はもちろん、父や母すら生まれる以前のこと。相対的な自己（という立場）を超えた本来の自己をいう。

2　「いま」の土俵と「現実性」

入不二の講義へのコメントをしたときに、私は拙著『まんが 哲学入門』から、時間の考察をした箇所を紹介して話を進めた。入不二もそれに言及しているので、ここでその箇所を振り返ってみたい。

私は「いま」と「現在」を区別する。この二つは別個の概念である。「いま」とは土俵のようなものであって、すべての出来事はこの土俵の上に現われ、そして土俵の上から消え去っていく。「いま」の土俵の上にあるのは、絶え間のない「変化」のみである。これに対して、「現在」とは、「過去‐現在‐未来」という3点セットに組み込まれた、時制のひとつの側面である。「現在」はこの3点セットに組み込まれてはじめて意味を持つ。

私の経験は、つねに「いま」の土俵の上で起きる。時間が流れても、「いま」の土俵はどこへも行かない。それは時間の経過によってはびくともしない不動の土俵である。土俵の上に現われる出来事は時間の経過にともなってどんどん流れ去っていくが、土俵そのものはどこへも行かない。そして「いま」の土俵の上に、「かつてそれが起きたという圧倒的な迫力」としての「過去」が湧き上がってくる。これは「いま」の土俵の上に現われる「過去」である。同様にして、「いま」の土俵の上に、「今後それが起きるという圧倒的な迫力」としての「未来」が湧き上がってくる。これは「いま」の土俵の上に現われる「未来」である。この二つ、すなわち「いま湧き上がる過去」と「いま湧き上がる未来」は、私によって「いま」経験される「過去」であり「未来」である。

では「いま」経験されていない「過去それ自体」や「未来それ自体」についてはどうかというと、それらが「いま」の土俵の上に現われてくることはない。「過去それ自体」や「未来それ自体」という概念は「いま」の土俵の上に現われるが、それらが指し示す対応物としての「過去それ自体」や「未来それ自体」は「いま」の土俵の上にはない。それでは「現在それ自体」についてはどうだろうか。「現在それ自体」は「いま」の土俵の上にあるのではないだろうか。しかしながら「現在それ自体」もまた「いま」の土俵の上にはないのである。なぜなら、「過去－現在－未来」の3点セットにおいては、「現在」は「過去」と「未来」に挟まれた「瞬間」として捉えられており、「いま」の土俵が「変化」によって覆い尽くされている以上、「現在」という「瞬間」は、「いま」の土俵の上に現われようがないからである。それでは、「過去それ自体」「現在それ自体」「未来それ自体」が「いま」の土俵の上にないのだとすれば、それらはいったいどこにあるのか？　「いま」の土俵の考え方をベースにした場合、この問いには答えるすべがない。それに答えるためには「いま」の土俵とは別の基体（受け皿）を提唱しなければならず、『まんが 哲学入門』の時点ではそれを行なっていなかった（現時点では新たな構想があるが、それを展開するのはもう少し将来のことになるだろう）。

さて、ここでふたたび入不二の議論を見てみよう。

私は、「いま」の土俵の上に、様々な出来事が湧き上がると書いた。しかし入不二は、それを否定して、「湧き上がる」というのなら、それは土俵そのものが湧き上がるのでなければならないと指摘した。

私が述べた「忽然と湧く現在」は、「土俵の中で湧き上がる」のではなく、むしろ、その土俵そのものが忽然と湧くということに近い。（189頁）

これは鋭い指摘である。私は、「いま」の土俵は不動であり、その不動の「いま」の土俵の上に、様々な出来事や、「過去」や「未来」が湧き上がるというふうに考えた。しかし入不二は、土俵そのものの全体が「無でさえない未来」から「忽然と湧き出す」ということがいちばん最初に起きる事象であり、その土俵全体の湧き出しの「忽然性」が忘却された後に、個々の出来事の土俵の上への湧き出しが見えてくるような仕組みになっていると指摘するのである。これをどう考えればいいだろうか。

まず、時制の問題としてこの論点を捉え直してみる。「いま」の土俵とは、すべての出来事がその上で生起することを下から支えている土俵であり、すべての出来事が生起することを可能にしている器である。それを表わすための視覚的イメージとして「土俵」という言葉が使われている。「いま」の土俵の全体が、「無」から、あるいは「無でさえない未来」から湧き上がるとは、私は考えていない。なぜなら、「いま」の土俵が全体として湧き上がる「前」の状況というものがそもそも想定しにくいからである。「何かが湧き上がる」ということが言えるためには、湧き上がる前と後が想定されなければならない。「いま」の土俵の上で何かの出来事が湧き上がる場合には、それらの出来事が湧き上がる前と、それらの出来事が湧き上がった後の両方を想定することができる。しかしながら、「いま」の土俵の全体の湧き上がりに関しては、「いま」の土俵の全体が湧き上がる前というものを想定することが難しい。

だが、「いま」の土俵の全体が湧き上がる前というものを「想像する」ことが難しいとしても、それを論理的に設定することが間違っていると言えるわけではない。であるから、「いま」の土俵の全体が忽然と湧くという入不二の言い方をただちに否定することはできないように思われる。ただ、それを否定しないのならば、それが「忽然と湧くその前」とはいったい何なのかという問いには答えなければならないだろう。この問いは、宇宙誕生の前は宇宙はどうなっていたのか（あるいは神が宇宙を創造する前に神は何をしていたのか）という問いと似ている。

この問いに対して、現実の現在と現実の未来がベタでつながっていると考えるならば、「いま」の土俵の全体が湧き上がるということは現に起きているが、それにもかかわらず「いま」の土俵の全体が湧き上がる「前」というものは想定する必要がないし、それはそもそも想定され得ない、ということになるかもしれない。

では、時制ではなく「存在」の視点から考えたときにこの問題はどう見えてくるのだろうか。

私は「存在」を扱った『まんが 哲学入門』の第2章において、「存在物を存在させるはたらき」というものを考察した。「存在物を存在させるはたらき」とは、個々の存在物が現われたり消えたりすることを背後から支えている土俵のようなもので、「いま」の土俵に別の視点から光を当てたようなものである。そして、この「存在物を存在させるはたらき」それ自体が、さらにその背後にある「無」から生成し、また「無」へと消滅する可能性についても言及した。これは、入不二が指摘した「いま」の土俵そのものが忽然と湧くという事態に対応するものだと考えられる。ただし、ここにおいては、「存在物を存在させるはたらき」が生成するその根源的な場所を単なる「無」としてのみ捉えているので、入不二の「無でさえない未来」のような議論の深まりには至っていない。このように「土俵」的なものは時制と存在の両方に食い込んで成立しているので、その両面から迫る必要がある。

また、私は『まんが 哲学入門』の「生命」を扱った第4章において、「いま」の土俵と並び立つような「誕生」の土俵というものを提唱した。それは、「気がついたら私は生まれていた」という現在完了によって特徴付けられる土俵である。「誕生」の土俵の上では「人生」というものが展開する。このように、「いま」の土俵と「誕生」の土俵の二つのあいだを往復しながら私は生きているのである。もし、土俵全体の湧き上がりを考えるのならば、そのもうひとつの方向性としては、この二つの土俵のあいだの往復交代というあり方に、土俵全体の湧き上がりと消滅を重ねてみるという方向性があるかもしれない。

さらに言えば、「土俵そのものが忽然と湧く」という入不二の指摘は、「現実」の「現実性」というものが「いま」の土俵の概念には含まれていないとの指摘を含んでいるとも考えられる。私がコメントのために使用したまんが画像においては、たしかに「現実性」のテーマは明示的には含まれていないし、同書の第1章においても展開されていないので、この指摘は正しいものとして受け止めたいと思う（そのかわりに、「現実性」のテーマは、同書の第2章、第3章において別の形で論じられている）。

3　九鬼周造と「偶然性」

さて、入不二の議論を、日本の代表的な哲学者のひとりである九鬼周造の『偶然性の問題』（岩波文庫、原著一九三五年）と比較してみたい。九鬼周造は京都学派のひとりであり、この本は彼の主著と言ってよいものである。そしてこの本は、偶然性・必然性・現実性などの概念について独自の形而上学的考察を行なった日本随一の本であった（入不二の本が出版されるまでは）。

このテーマについての日本における包括的でオリジナルな「様相の哲学」はいまのところこの九鬼と入不二のものに絞られるのだ。この意味で、入不二は九鬼の後継者である。だがその内容にまで分け入ってみると、ずいぶんと異なったことが語られているのが分かる。それを見てみよう。

九鬼は同書の第三章で「偶然性」「可能性」「現実性」などの様相について考察している。水を例にとって考えてみると、水は液体であるか、固体であるか、気体であるかのいずれかだ。そして、いま目の前のコップに水が入っている。その水は液体である。目の前の水は、氷のように固体であることも可能であったし、蒸気のように気体であることも可能だったのだが、現実には液体の水として存在している。したがって、目の前の水が液体なのはけっして必然ではなく、偶然であると言わなければならない。このような「偶然性」が現実を規定している。九鬼ははっきりとは言っていないが、「水が液体か、固体か、気体かのいずれかの姿を取って存在する」ということは、必然だと言えるだろう。なぜなら水は「全体」であり、「全体の存在には必然性が伴っている」（163頁）からである。したがって、水はこのような必然性によっても規定されている。「現実」は「必然性」と「偶然性」の双方によって構築されているのである。

ところで、もし世界が論理だけでできているのだとしたら、「水は液体か固体が気体かのいずれかである」という必然性が成立するだけであり、それ以上のことは何も起きない。しかしながら実際の世界には現実というものがあり、その現実が目の前のコップの中の水を「液体」として絞り込んで具現化させるのである。このような絞り込みによる具現化を、九鬼は「偶然性」と呼ぶ。九鬼は「産み落とされた現実性としての偶然性」と表現している（205頁）。

ところが他方において、現実世界で液体の姿をして存在している水は、条件が異なれば固体にも気体にもなることができる。ということは、現実世界にそのような様々な条件が加えられ、あらゆる方向に展開していくことによって、現実は「全体」としての「必然性」にどんどん近づくことになる。この意味で、「必然性とは「展開した現実性」にほかならない」と九鬼は主張する（181頁）。九鬼がここで念頭に置いているのはヘーゲルの自己展開の弁証法だ。

すなわち、産み落とされた「現実性」としての「偶然性」は、自己展開の論理によって「必然性」へと展開していく可能性を秘めているのである。「偶然性」の中に存在しているのは、それを「必然性」へと展開させていく「力」である。さらに九鬼は次のように書いている。

> そうして誕生において産声を聞くごとく現実性は偶然性において大声に叫んで自己を言明するのである。（205頁）

偶然性は、可能性をして偶々《たまたま》可能なる処女の可能性より、常に可能なる母の可能性へ自覚せしめる迫力である。偶然性は、現実の一点に脆《もろ》くも尖端的存在を繋ぐだけであるが、実在の生産原理として全生産活動を担うの情熱を有ったものである。（204頁）

「偶然性」は現実に繋がれた突端の一点のような脆いものであるが、そこには大いなる生産活動の力が宿っている。そしてその生産活動が自己展開して向かおうとしている目的地は、全体的存在としての「必然性」だというのである。九鬼は「偶然性」を現実のある種の特異点として認識している。しかしその特異点はみずから孤独に留まろうとするのではなく、内なる生産性の力によって自己展開しながら、「必然性」という全体へ向かおうと欲しているというのである。「偶然性」と「必然性」をこのような動的な関係において捉えようとする九鬼の発想は非常に面白い。

さて、九鬼はこのような議論を「運命」に結びつけている。まず、「偶然」が人間の「実存性」にとって「核心的な人格的意味」をもつときに、「偶然」は「運命」と呼ばれる。そして「運命」とは「必然‐偶然者」の構造をもつと指摘する（244頁）。九鬼が「必然‐偶然者」という表現をするのは、「必然」と「偶然」はけっして切り離すことができず、コインの両面のような一体構造をしていると強調したいからであろう。

九鬼の運命論を解読すれば、次のようになる。一見すれば、運命は「必然性」によって支配されていると思われるかもしれないが、よく見てみれば、運命の中に埋め込まれた「偶然性」の力によって「必然性」が内側から食い破られていく姿があるのであり、そこにこそ運命の実相がある。ハイデガーに言及した九鬼自身の文章を引用しておく。

運命とは先駆的決意性の中に内在して初めて運命となるのである。運命とは現存在の本来的な事件である。従って被投性（Geworfenheit）であるとともに投企（Entwurf）でなければならない。譲り受けながら選択した可能性において、自己自身に自己自身を交付することでなければならない。運命は自己交付的決意性の超力（Übermacht）と無力（Ohnmacht）との結合にある。開示された状況の偶然性に直面して情熱的に自己を交付する無力な超力が運命の場所である。将来的たるとともに根源的に既存的な存在者が有限性において可能性を自己自身に与えながら自己の被投性を受け取るのが運命である。（２５４〜２５５頁）

要するに、勝義の運命概念は情熱的自覚をもって自己を偶然性の中に沈没し、それによって自己を原本的に活かすごときものでなければならぬ。（256頁）

『存在と時間』におけるハイデガーは、人間は有無を言わさぬ形でこの世界に投げ込まれている（被投性＝必然性）のだが、それと同時に、死への先駆的決意性にめざめることによってみずから本来的な時間を生きることができるようになる（投企＝偶然性）と主張する。「必然性」に関しては「無力」なのだが、「偶然性」に関しては「超力」であるという、この中間点に自己を立たせて自己を活かさせるものこそが運命だ、と九鬼は言っているように私には思える。

これは入不二による「運命」と「自由」の関係についての考察を思い起こさせる。第1章でも紹介したが、入不二は、「運命」と「自由」の関係を、サーフボードで大波に乗るようなものとして捉えている。大波に乗るとき、私は波にあらがえないのだが、波に完全に操られているわけでもない。「運命は、大波に乗るように「乗る」ものであって、思い通りに使いこなすものでもなければ、黙々とただ従うものでもない」（『あるようにあり、なるようになる　運命論の運命』320頁）と入不二は書いていた。

九鬼は「必然性」と「偶然性」について書いており、入不二は「運命」と「自由」について書いているので、言葉の上では両者の述べていることは異なっている。しかし彼らが捉えようとしているものは非常に似通っている。

また九鬼は、「偶然性」の中に生産的な「力」を見ており、その「力」によって「偶然性」が「必然性」へと自己展開していくという動的な見取り図を提案している。これは「現実性」と「可能性」のあいだの果てしないせめぎ合いに真理を見ようとする入不二と似たような発想であると見ることもできる。第1章で私は入不二の「現実性」の運動論について述べ、それがヘーゲルや陰陽思想と通底しているかもしれないと指摘した。面白いことに、九鬼もまた「偶然性」の運動についてヘーゲルを参照しているし、『偶然性の問題』186頁では陰陽の太極図を描いてすらいる。その太極図を説明して九鬼は言う。「可能性」がまず太極図に生まれ落ち、その一点から次第に成長し、その成長の極限において「必然性」に変貌する。その直後に「必然性」は否定され、その正反対の「偶然性」を産み出す。その「偶然性」は次第に成長し、その成長の極限において「不可能性」に変貌する。その直後に「不可能性」は否定され、その正反対の「可能性」を産み出す。こうやってこの四者は、動的な変化のサイクルを延々と続けていくのである。これは入不二の言うところの、「現実性」における「絶対現実」と「相対現実」の終わりのないせめぎ合いの運動とも共通するものがある。

このように、「必然性」と「偶然性」、「絶対」と「相対」を、果てしのないせめぎ合いの運動として捉えようとする点において、入不二は九鬼の発想を引き継いで独自に展開することに成功したと見ることもできる。この路線において様相論理を考察する試みは、英語圏の様相論理学においては発展しなかった方向性であると考えられる。ここには今後展開させて深めるべき何かの宝物が埋まっている。

もちろん入不二は九鬼の議論を参照しており、『あるようにあり、なるようになる』の第24章註3において九鬼の議論に言及している。そして、「偶然性（原始偶然）」と「必然性（絶対的形而上学的必然）」が一者の両面にすぎないとする九鬼の議論は、入不二の考察と親和性があるとはしながらも、九鬼の「偶然性（原始偶然）」概念は因果系列を辿って発見されるものであるから、入不二の概念とはまったく異なっているとする。この箇所の入不二の記述は、相当に急いで書かれているので、入不二による詳細な考察が別の機会になされればうれしい。

以上、九鬼と入不二に共通しているものを中心に見てきた。しかしながら、九鬼と入不二には根本的に異なっている点がある。それは、九鬼が「現実性」を「様相」として捉えるのに対し、入不二は「現実性」を「様相」としては捉えない点である。

九鬼が「現実性」を「様相」として捉えていることは、たとえば次のような記述、「この第一の構成法によるときは様相性の体系は㈠現実、非現実、㈡可能、不可能、㈢必然、偶然という組合せを呈する」(175頁)によっても明らかだろう。そして174頁の図式によれば、「必然」と「可能」によって構成される「現実」は、「可能」と「不可能」によって構成される「非現実」と完全に対称的なものとして考えられている。九鬼における幾何学的な対称性は圧倒的であり、「現実」は「非現実」に超越するものではない。

ところが、何度も言及しているように、入不二においては「現実」は「様相」ではない。「現実」は「無様相」である。「現実性だけは様相のネットワークから外れた「孤島」である」。「現実」を否定しようとして「非現実」と言ったとしても、その「非現実」は「非現実」という名の新たな「現実」としてふたたび登場してきてしまう。「現実」は「否定」の操作をどこまでもすり抜けていくのである。この意味で「現実」と「非現実」のあいだに対称性はないとするのが入不二の見解である。

もちろん九鬼においても「現実」の特異性は認識されているはずだが、それが九鬼の形而上学体系に実質的に反映されているとは考えられない。入不二の現実性論から見たときの九鬼の弱みはここにある。九鬼は「現実」のもっとも「現実」らしいところを取り逃がしているように見えるのである。この点に関しては、入不二のほうに軍配が上がると私は判断する。

以上の考察を念頭に置いて、前章の入不二の論述（2の(1)：191〜197頁）を再読してみると、そこで入不二が言いたかったことがより良く分かるようになる。入不二は「必然か偶然か」という問いへの対処法を、次の5つに分類している。すなわち、

(1) 現実は、ある観点から必然であり、別の観点から偶然である。
(2) 現実が必然であることは、偶然的である。
(3) 現実が偶然であることは、必然的である。
(4) 現実は、必然かつ偶然である。
(5) 現実は、そもそも必然でも偶然でもない。

その上で、森岡の『まんが 哲学入門』における立場を、(2)と(3)の両方を高階レベルで同時に認めるものとする。これはとりあえず正しいように思われる。これに対して(4)は、現実が必然でありかつ偶然でもあるということが、高階レベルにおいてではなく、同階レベルで同時に働くという考え方である。入不二は言及していないが、この(4)こそが九鬼の考え方である。もちろん、何かが「必然でありかつ偶然でもある」というのは矛盾である。したがって、その矛盾

が同階レベルで破綻なく成立するためには、その必然と偶然のあいだに「果てしなくせめぎ合う運動」がなくてはならないとするのが九鬼の「必然－偶然者」論の核心であると私は考える。もしその運動が静止すれば、矛盾を解決する機能がなくなってしまい、「必然かつ偶然である」という事態は崩壊せざるを得ない。九鬼の議論が一種の動的平衡論にならざるを得ないのはまさに必然であると言えよう。しかしそうであるがゆえに、九鬼の議論は動的平衡としての生命論をその中心にはらむことになった。九鬼の「必然－偶然者」論は、哲学的生命論である。

これらに対し(5)では、「現実」は「必然」とか「偶然」とかが問題になる次元にはない、ということが主張されている。なぜなら「現実」は「必然」とか「偶然」などの「様相」とは徹底して無関係であり、その意味で「無様相」だからである。すなわち、(1)から(4)までが「様相」の次元の話であり、(5)が「無様相」の次元の話である。(4)と(5)のあいだに、超えられない断絶、超えられない溝がある。「現実」の根底は、「無様相」の「絶対現実」である。しかしながら、「現実」を「様相」のもとに捉えたいという誘惑を消し去ってしまうことはできない。したがって、(4)と(5)のあいだの分水嶺を境にして、(1)から(4)の「様相」の次元へと流れ下ろうとするベクトルと、(5)の「無様相」の次元へと流れ下ろうとするベクトルが相拮抗し、綱引き状態になる。このような綱引き状態における釣り合いこそが「運命」なのだと入不二は主張しているのである。

これは、九鬼になかった新しい視点である。今後、これをさらに発展させる道があれば面白い。

また、入不二の先ほどの五分類によって、九鬼の考え方と森岡の考え方がはっきりと異なることが分かった。『まんが 哲学入門』において私は「必然性」と「偶然性」の相克の問題を、次元設定の高階化によって処理しようとしている。そしてその処理によって、「必然性」と「偶然性」の問題を、私が生まれてきたことの肯定へとつなげる道を探ろうとしている。この方式は、それ独自の長所があるように思われるので、九鬼や入不二とは異なった路線でさらに展開してみたいと考えている。

4 「現実性」と「これ性」

入不二が考察する「現実性」の問題は、現代の分析的形而上学においても一九六〇年代から活発に議論されてきた。様々な議論の応酬があり、クリアーな整理をすることはできないが、とりあえず次の3つの立場、「可能主義 possibilism」「現実主義 actualism」「このもの主義 haecceitism」に大別して考えても間違いではないだろう。

まず「可能主義」とは、多数の「可能世界 possible worlds」があると考え、それらはけっして「現実世界actual world」には還元されないとする立場である。もっとも著名なのはデイヴィッド・ルイスの可能世界論である。

ルイスは、「現実」というものを、唯一特別なあり方をしたものとは考えていない。ルイスによれば、私が小学校教員である可能世界、私がホームレスである可能世界、私が億万長者である可能世界など様々な可能世界があるのだが、それらと並び立つ形で、私が大学教員である唯一本物の現実世界があるわけではない。「現実」とは、ある世界の内部にいる私が、その世界の中で「これが現に起きている」と指示するところのもののことである。したがって、「現実」は世界の数だけある。この意味で、「現実」はけっして宇宙でただひとつだけ存在する唯一本物の世界ではない（ルイスは可能世界内における指標詞indexicalsのはたらきによって「現実」を指定するので、「指標詞主義indexical theory」と呼ばれるが、指標詞に含まれることのある「これthis」を「これ性haecceity」として特に区別する立場があることを念頭に置けば、「指標詞主義」という命名が正しいのかどうか私には判断できない）。

念のため、ルイス自身の文章を引用しておこう。まず世界の複数性については、「他のあり方をしているような、他の世界は複数存在するだろうか。存在すると私は主張する。私は、われわれの世界はたくさんある世界のうちのひとつにすぎないと主張する世界の複数テーゼ、すなわち様相実在論を擁護する」（『世界の複数性について』名古屋大学出版会、原著一九八四年、邦訳2頁、原著2頁。傍点原著イタリック）と言う。そして、ただひとつだけの現実世界があるという考え方に対しては、ルイスは、「仮にただひとつの世界だけが絶対的に現実であるとしよう。このとき、そのただひとつの世界だけがもつ――その世界の住人やそれ以外の何かと相対的にもつのではなく、端的にもつ――何かしら特別な差異が存在することになる。この絶対的な差異だとされるものをどのように理解したらよいか、私には分からない……」（邦訳102～103頁、原著93頁。傍点原著イタリック）と述べ、多数の可能世界と並び立つ形でひとつの絶対的な現実世界があるという考え方を否定している。

次に「現実主義」とは、多数の可能世界の内部にそれぞれの現実があるとするのではなく、多数の可能世界から切り離され、それらと並び立つようにして、唯一の「現実世界」が存在すると考える立場である。代表者としてロバート・M・アダムズやアルヴィン・プランティンガがいる。ここでは、アダムズの一九七四年の論文「現実性の諸理論」(Robert Merrihew Adams. "Theories of Actuality." In Michael J. Loux (ed.). *The Possible and the Actual*. Cornell University Press. 1979:190-209) を取り上げる。アダムズによれば、現実性は、単なる可能性よりもはるかにリアルに感じられるものであり、このような「現実性の絶対性 the absoluteness of actuality」をルイス的な可能主義は捉えそこなっている（194〜195頁）。したがって、可能世界からは切り離された、特別な唯一の現実世界というものを認める必要があるというのである。アダムズは、可能世界のシステムの外部に現実という「視点 standpoint」を設定し、その視点から「現実性」や「可能性」についての判断ができるようにしようと提案する。すなわち、まず「現実性」というものが初発にあり、その「現実性」を根拠にして組み立てられたものとして「可能世界」を考えようというのである。ルイスは「可能世界」を初発においてそのあとで「現実」を考えるのに対し、アダムズは「現実性」を初発においてそのあとで「可能世界」を考えるのである。

アダムズ自身は「ソフトな現実主義 soft actualism」を提唱する。これは、「可能世界」は存在するのだけれども、それは現実世界の道具立てによって論理的に構築されると考える立場である。では、そもそも「現実」はどうやって定義されるのかということであるが、アダムズは、「真」であるすべての命題の集合体によって埋め尽くされているのが「現実世界」であると考えようとしている（204〜205頁）。たとえば、私が痛いとき、「私は痛い」は真である。犬が私を噛んだのなら、「犬が私を噛んだ」は真である。これらすべての真なる命題の集合体によって「現実世界」は成立している。このリアリティは圧倒的なものであり、この「現実」は、「私は痛くない」「犬は噛んでいない」という「可能」からは問答無用で区別されるのである。「現実性」というものを、成立している命題が「真」であることによって説明しようとするアダムズの考え方は、たしかに興味深い。しかしながら、「現実性」を規定するにはこれだけではまだ何か足りないとするのが、次の「このもの主義」である。

「このもの主義」は、目の前にあるものごとや、目の前に広がっている世界が、まさに「この」世界であるとしか言いようがないというところに、何か根本的なものがあると考える。言い換えれば、目の前の世界を「これ」として指差すときの「これ性」こそが、「現実性」なのだとみなすのである(ただし「このもの主義」と「現実主義」の境目はあいまいである。たとえばプランティンガはいずれにも分類され得る。また、「これ性」には大きな重要性はないとする考え方を「反このもの主義 anti-haecceitism」と呼び、ルイスはこの立場であると考えられる)。現代の可能世界論においては、ソール・クリプキが「このもの主義」として分類されることがある。これが妥当であるかどうかについては意見の分かれるところであろうが、そのように見て差し支えない思想をクリプキが語っていることは確かである。

クリプキは主著『名指しと必然性』(産業図書、原著一九七二年、一九八〇年)において、我々が名詞を「それ」「これ」として指示するときの特異性について語る。

クリプキはまず人名について考察する。古代ギリシアの哲学者アリストテレスについて考えてみよう。アリストテレスは、プラトンの弟子であり、アレクサンダー大王の教師となった哲学者である。プラトンの弟子でありアレクサンダー大王の教師であった哲学者は、アリストテレスの他にはいない。したがって、「アリストテレスは、プラトンの弟子でありアレクサンダー大王の教師となった哲学者である」と定義しても何の問題もない。ところが、「アリストテレス」という名前と、「プラトンの弟子でありアレクサンダー大王の教師となった哲学者」を同一のものと考えると、次のような不都合が起きる。

たとえば我々は、「もしアリストテレスが哲学の道に進まなかったら」という反事実的な状況を想定することができる。この想定が何を意味するのかは完全に明瞭である。しかし「アリストテレス」という名前と、「プラトンの弟子でありアレクサンダー大王の教師となった哲学者」が同一のものだとしたら、「もしアリストテレスが哲学の道に進まなかったら」という文章を、「もしプラトンの弟子でありアレクサンダー大王の教師となった哲学者が哲学の道に進まなかったら」という文章に変換してもかまわないことになる。

しかし、この変換後の文章はあきらかにおかしいだろうとクリプキは言う。つまり、「アリストテレスが哲学の道に進まずアレクサンダー大王を教えなかった」という反事実的な状況は想定できるが、「プラトンの弟子でありアレクサンダー大王の教師となった哲学者が、哲学の道に進まずアレクサンダー大王を教えなかった」という反事実的な状況はけっして想定できないだろうと言うのである。すなわち人の名前は、その人が持っている性質の束（哲学者であるとか、誰かを教えたとか）にはけっして還元できないのである。

すなわち、ある人物を名指しして「アリストテレス」と命名する行為は、非常に特異な行為なのであり、それはその人物の性質を記述することとはまったく次元の異なった行為だと言えるのである。クリプキは、人の名前は「固定指示子 rigid designator」であり、たとえどのような反事実的な状況を想定したとしても、その反事実的な想定によってまったくゆがめられることなく、あらゆる反事実的な世界（可能世界）において同じ対象を指示し続けるのだと主張する。たとえば、我々が「アリストテレス」として指示した人物は、たとえある可能世界で「哲学者」「教師」「マケドニア生まれ」という性質を失ったとしても、その可能世界で「アリストテレスは哲学者にはならず、教師でもなく、マケドニアにも生まれなかった」というふうに問題なく記述できるのである。このように、人の名前は、あらゆる可能世界を貫通して自己同一性を持ち得る（間世界同一性）。言い換えれば、人の名前は、可能世界の内部で反事実的な修正を及ぼそうとするあらゆる試みをすり抜けていき、どこまでも自己同一性を維持し続けるのである。

そもそも名前を付けるとは、ある人物を、「この人」としていわば指差し、その人に名前を紐付けすることである。このときに行なわれているのは指差しと紐付けの行為だけである。そして、いったん「この人」の名前が確定されたあとで、我々は「この人はかくかくしかじかの性質を持っており、こういう風貌であり……」という具体的な性質をその人物に帰属させる。クリプキはこの原初的な名付けの行為を「命名儀式 baptism」と呼ぶ。

クリプキは米国大統領ニクソンを例に挙げて、次のように書いている。

われわれはその男を指して、事態が別様であったなら彼に何が起こりえたか、と問うことができるのである。（邦訳52頁、原著46頁。傍点原著イタリック）

われわれは単刀直入にニクソンを考察し、様々な状況が違っていたら彼に何が起こっていたかを問うことができるのである。（邦訳53頁、原著47頁。傍点原著イタリック）

クリプキが言うところの、「その男」を指差すという原初的な行為こそが、何かを「現実世界」のものごととして指定する行為であると考えることができる。私が「その男」を指差したときに、「その男」は「現実世界」に存在する「現実」の男として指定されたのである。そして「その男」

に芋づる式につながっているあらゆるものごとや出来事の集合体が「現実世界」であると言うことができる。クリプキ自身はこのような発言はしていないが、クリプキの哲学から抽出されたこの主張は「現実性」についての「このもの主義」の主張であるとみなしてもよいだろう。

実は、「このもの主義」には長い歴史がある。「これ性」は、現代の形而上学では「thisness」あるいは「haecceity」と呼ばれているが、それはもともとヨーロッパ中世にラテン語で「haecceitas」と呼ばれてきたものである。「これ性」についての哲学的議論は、中世のドゥンス・スコトゥスにまで遡る。山内志朗によれば、スコトゥスの「これ性haecceitas」は個体が個体化されるときの「最終的現実性の度gradus ultimae actualitatis」であり、その意味で「これ性」は「端的に述べれば度・強度として捉えられている」（「アヴィケンナの存在論との関連から見た、スコトゥスの個体化論」『中世思想研究』第40号、一九九八年、32頁）。スコトゥスの「これ性」は、ちょうど「照明を浴びる前の舞台」（34頁）のようなものであり、その基本的構図はアラビア哲学のアヴィケンナ（イブン・スィーナー）にあるとされる。

かつてライプニッツは、「不可識別者同一の原理」を提唱した。もし属性において完全にまったく同じものが二つあったとしたら、その二つは実は存在においても同じものだと考えてよいとする原理である。しかしこれには直観的な反論がある。たとえ属性において完全にまったく同じものが二つあったとしても、その二つは宇宙の中で別々の場所に位置しているはずだから、存在としては別個の二つだろうという反論である。さらに別の反論としては、その二つのうちのひとつを「これ」と指差せば、それはもうひとつのものとは別個の存在になってしまうはずである。すなわち、「これ性」を付与することによって、属性がまったく同じ二つのものを我々ははっきりと区別することができるのである。

このような「これ性」のはたらきを、現実世界を可能世界から区別する徴表として使用することができる。世界はいろんな内容を持つ可能性があるわけで、私が小学校教員である世界、私がホームレスである世界、私が億万長者である世界、私が大学教員である世界などがあり得る。しかしながら、私が「これ」と名指すことによって目の前の「世界」を指示したとしよう。すると「これ性」によるこの指示によって、私が大学教員である世界が「現実世界」として確定する。「現実世界」は「これ性」によって確定指示される。あり得る様々な世界のうちで、どれが「現実世界」なのかと言えば、私による「これ」の指示によって確定指示される世界こそが「現実世界」なのである。以上が「このもの主義」による「現実」の理解の仕方のひとつである。

ブラッドフォード・スコウは二〇〇八年の論文「このもの主義、反このもの主義、可能世界」(Bradford Skow. "Haecceitism, Anti-haecceitism, and Possible World." *The Philosophical Quarterly* 58(230), 2007: 98-107) において、「このもの主義」を次のように説明している。すなわち、「このもの主義」とは「ものごとがその属性においてそのままに留まりつつ、属性ではない何かにおいて異なったものである、ということが可能である」(99頁)とする考え方を内在するものである。これを可能世界論に当てはめると、「現実世界と、その属性において同一なのだけれども、現実世界からは区別されて存在する可能世界がある」(101頁)ということになる。すなわち、世界の内容としては現実世界とまったく同じなのだけれども、それが現実ではないという一点において現実世界とは異なっている可能世界があるということだ。このとき、現実世界をその可能世界から区別しているものは、現実世界が「現実である」という一点のみなのであり、それは現実世界の「これ性」でもある。スコウのような路線で考えると、現実世界を現実たらしめている「現実性」と、現実世界を現実たらしめている「これ性」は、同じものだということになりそうである(日本においては永井均の「現実」論が「このもの主義」を内包しつつ濃厚に展開されてきたが、それについては後続刊で本格的に考察することになる)。

以上、「現実性」に関する「可能主義」「現実主義」「このもの主義」の考え方を概観してきた。

私の見るところ、入不二の立場には「このもの主義」に近いものがある。

まず入不二は、複数の可能世界ごとにそれぞれの「現実」があるという見方を否定する。入不二にとって「現実」とはいかなる意味でも複数性を持たないものであり、また「現実」とはそれ自身の外部を持たないものである。

では、入不二はどれが「現実」であるのかを、どうやって決定するのだろうか。入不二はこのように書いている。「現にこの私こそ「私は私であり」、現にこの現実こそ「あるようにあり、なるようになる」。「現にこの」が、「その内に自ら入り込む」ことを示している」(『あるようにあり、なるようになる　運命論の運命』37頁)。ここからは、「現にこの」という言葉、とくに「この」という指示語によって、何が「現実」であるのかが決定されていることが分かる。「この現実」という指示によって、「現実」とはどの世界なのかが示されているのである。入不二において、「現実」は「これ性」と結びついていると考えられる。

実は、入不二は、以前に刊行された永井均らとの共著『〈私〉の哲学　を哲学する』(講談社、二〇一〇年)において、「これ性」と「現実性」はつながっていると主張している。入不二は言う。「「この」は、「現実化」「現実性」のみを表わす。……いっさいの「中身」「内実」とは無関係に、「この」という「現実性」が存在すること」(72頁)。そして「この」の三段階目として、「それが全てでそれしかない現実を表出する「この」「これ」」（286頁）という表現をしている。これらの箇所を読むかぎり、入不二は「これ性」によって「現実」が指定されると考えている。

したがって、入不二の現実性の哲学は、「このもの主義」にもっとも近いとみなしてよいだろう。そのような目でふたたびクリプキの議論を眺めてみると、そこに入不二とよく似た構図を見つけることができる。それはクリプキが描写するところの、人の名前のような固定指示子が反事実的な操作をすり抜けていく様子である。これは入不二が「現実性」の「否定」について語るときの構造と同型である。すなわち入不二によれば、「現にこのようである」という「現実性」をいくら否定しようとしても、それはつねに「否定」の操作をすり抜けていってしまい、けっして「現実性」の否定にまでは届かない。たとえば、「現にこのようである」ということを否定しようとして、「現にこのようである、というふうにはなっていない」と言ったとしても、それは結局「現にこのようである、というふうにはなっていない、というのが現実である」と主張する結果となってしまい、我々は「現実性」の領域の外部へと出ることはできない。この構造は、クリプキの固定指示子の働きと同型のものだろう。

ただし入不二がクリプキと決定的に異なるのは、入不二が固定指示子の超越性をさらに超えて、「現実性」と「可能性」のあいだの果てしなきせめぎあいの無限運動にこそ「現実性」をめぐる真理を見ている点である。これこそが入不二のオリジナリティであり、クリプキには見られないものだ。入不二の問題設定の仕方は、現代の英語圏の形而上学とは異なっている。具体的には、「可能主義」「現実主義」「このもの主義」という三つの立場による枠組みからは良い意味で逸脱している。入不二の現実性の哲学を英語圏の形而上学に還元させて理解しようとするのは良くないし、将来の可能性を開かない。

以上を確認したうえで、入不二による「現実性」の捉え方には全面的に賛同できない部分が森岡には残る。それについて考えてみたい。

5 「現実世界の開け」と「存在世界の開け」

本書第2章の入不二と森岡の対話において、クリプキの固定指示子と「現実性」についてのやりとりがある（130〜135頁）。復習してみると、まず森岡が、入不二の「現実性」の捉え方には「私とは誰か」という人称性の視点が欠落しているのではないかと問いかけた。それに対して、入不二が、それはクリプキの言う固定指示子としての固有名によって規定される「現実性」のことを考えているのかと応答した。すなわち、「森岡は人間である」という現実世界から、

「森岡はカエルである」という可能世界への移行を考えたときに、「森岡」の属性は「人間」から「カエル」へと大きく変わるのだけれども、固定指示される「森岡」その者は同一のまま微動だにせずに残り続ける。クリプキは、人の名前のような固有名を、可能世界を貫通して同一にとどまるものとして捉えたのである。そして入不二は、可能世界への移行によっても微動だにしない固定指示子としての固有名が経験している固有の世界のことを森岡は「現実」と呼んでいるのかと問うた。そのうえで、そのようなものは「絶対現実」ではないと入不二は答える。「絶対現実」は固有名によって「固定指示」されるものではない。「絶対現実」とは、「それがすべてでそれしかない」ものであり「唯一名」であり「神」なのだと入不二は言うのである。「現実性こそ神だ」と。

そして入不二は、私の質問「絶対現実はどこから語られているか?」に応答して、それは「どこからでもない」と答えている。そもそも「絶対現実」にとっては「誰からの視点」というものが成立しないのであり、あえて言うなら「いわば絶対現実という外のないものが自らを転落させて、局所化させて、現実自身が語っている。だから私っていう入不二が語っているのではなくて、これは現実自身が現実を語っている」と述べている。

森岡から見れば、ここにおいて、「現実性」を規定する「これ性」のもっとも大事な部分が消え失せようとしているように思える。そのもっとも大事な部分とは、「これ性」の持っている「指差しの運動」のことである。森岡はこの点にもっとこだわりたい。

森岡が思うに、「これ性」は、「これ」という指差しの運動を行なう誰かの視点がなければ、そもそも成立しないはずである。ここで「視点」という言葉を使うと、その「視点」の始発点としての何かの実体が想像されてしまうので、この言い方はあまり良くない。そこで、「視点」のかわりに、指差しの運動を行なう「動作起点」という概念を導入したいと思う。「動作起点」は、指差しの動作を行なう始発点を意味するのではなく、指差しの動作が起動する身体全体を意味する。したがって、それは「点」ではなく、指差しの運動を可能にする身体の一定の「広がり」である。

このように考えれば、「絶対現実はどこから語られているか?」という問いに対しては、「どこからでもない」と答えるのではなく、それは「動作起点」から語られていると答えなければならない。この点が、おそらく入不二と森岡の最大の相違点ではないか。

この「動作起点」の考え方に対しては、(1)「動作起点」から把握されるのは「相対現実」であり、「絶対現実」ではないのではないか、(2)「動作起点」はいったい誰の身体なのか、という問いが投げかけられるであろう。

まず(1)についてであるが、それは次のような問いである。すなわち、「動作起点」は身体の一定の「広がり」であるのだから、それは身体という具体的な内包を持っており、したがってそれによって捉えられるのは「相対現実」にすぎないのではないかという問いである。しかしながら、「絶対現実」が考えられたり、語られたりするときもまた、その現実の絶対性は、「現実の〈これ〉性」として把握されなくてはならず、「現実の〈これ〉性」が把握されるためには、「これ」という指差しの運動を可能にする身体の一定の「広がり」が前提されなければならないと森岡は考える。すなわち、「絶対現実」を考えたり、語ったりするための前提条件として、「動作起点」が存在していなくてはならないのである。もし、「これ性」と「現実性」をつなげて考えるのならば、「これ性」を可能にする「動作起点」と、「現実性」はつながっていなければならず、そのつながりは「相対現実」だけではなく「絶対現実」においても維持されているはずである。

もちろん、これに対して、「絶対現実」を考えたり、語ったりするときにおいてはそうかもしれないが、その考えや語りから切り離された「絶対現実それ自体」は「動作起点」とは無関係であると反論することも可能である。すなわち、考えたり、語ったりすることをしない状況においては、「動作起点」は問題にならないはずだというのである。この「物自体」にも似た「絶対現実それ自体」という概念を本気で導入するのならば、その反論は成立するのかもしれない。しかしそれは、考えることも、語ることも拒むような、ある種の超言語的な体験の領域を持ち出すことになる。そしてこれはアジアの体験主義的な伝統と非常に相性の良いものとなるだろう。もしここまで進むのであれば、私はそれを否定するものではない。この方向性へと「絶対現実」の概念を開いていくことは可能である。そうすれば、我々はふたたび西田幾多郎や鈴木大拙らの禅哲学の地平へと接近していくことになるだろう。ただしその体験主義において「身体」がどう位置づけられるのかという難問が出てくるに違いない。

次に⑵について。「動作起点」はいったい誰の身体なのか。この問いに対して、「動作起点」は動作を行なっている人の身体であると答えてはならない。そのように一般化することで、「これ性」「現実性」は取り逃がされてしまうからである。では、「動作起点」は森岡の身体なのだろうか。しかしながら、これも間違った答え方である。なぜなら、「動作起点」を固有人名で指定することもまたできないからである。

「これ性」の真の「動作起点」となっているのは、この文章を読んでいるあなたが内側から生きている身体である。それこそが、この宇宙に唯一開いている「動作起点」である。もし森岡の身体を「動作起点」としたならば、この文章を読んでいるあなたの身体は必ずしも「動作起点」にはならないことになる。それは誤っているだろう。もしこの文章を読んでいる人間の固有人名で「動作起点」の身体を指定したとしても、それはまたふたたびこの文章を読んでいるあなたの身体を必ずしも指定しないことになるだろう。

すなわち、「動作起点」は誰かの身体なのであるが、その身体が誰の身体であるのかを固有人名によって確定的に答えることはできないのである。そのうえで、それは誰の身体なのかどうしても言えというならば、森岡は「それは独在的存在者の身体だ」と答えることになるだろう。「独在的存在者」とは、「この宇宙の中にひとりだけ特殊な形で存在する者」という言葉によって指し示されるものであり、それは二人称によって確定指示される。誤解を恐れずに簡単に言えば、この文章をいま読んでいる「あなた」のことである。「あなた」こそが独在性の中心なのだ。この論点については拙論「独在今在此在的存在者《どくざいいまざいここざいてきそんざいしゃ》」(『現代生命哲学研究』第6号(2017):101-156)で詳しく述べた。また本シリーズ後続刊でも議論される。

「動作起点」の考え方を導入することによって、「現実」と「存在」の関係について、ひとつの新しい見方を提唱することができる。

入不二は「現実」というものを、「それが全てでそれしかない」ものとして捉えるが、森岡は、「現実」というものを、入不二よりももう少し限定されたものとして捉えたい。

森岡の「現実」の捉え方は、以下である。まず、「動作起点」からの「これ」という指差しで世界が具体的に指示される。そしてその指示された世界から空間的な連続によって広がっていく世界のすべての領域と、その指示された世界から因果関係によって過去と未来に広がっていく世界のすべての領域が、「現実」である。この「現実」は唯一無二であり、私が知覚していないはるか遠方の空間領域を含み、また過去の時間領域や未来の時間領域を含む。「現実」は、いま知覚されている経験世界の全体のことではなく、空間的にも時間的にもそれを超えて大きく拡大して広がるものである。これが、「動作起点」によって規定される「現実」である。

この「現実」は非常に広いものであり、存在するあらゆるものを含むように思われる。しかし、よく考えてみると、そうではないことが分かる。たとえば、はるか将来、たとえば100億年後に人間のような知覚存在が宇宙からすべて絶滅してしまうと仮定しよう。そのような宇宙において「現実」は存在するであろうか。たしかに、そのような宇宙においては、世界を具体的に指示するところの「動作起点」はないように思われる。とすると、その世界に「現実」はないことになるのだろうか。

ここで、二つの視点を分けることにする。ひとつは「動作起点から見た100億年後」であり、もうひとつは「動作起点が100億年後」である。前者を「起点視点」、後者を「実在視点」

と呼ぶことにしよう。

まず「動作起点から見た100億年後」（起点視点）である。「動作起点」から「これ」として世界が具体的に指示され、その世界から因果関係によって未来に向けて100億年延びていった先の未来世界というものが考えられる。その操作によって指定された未来世界は「現実」であると言える。その未来世界はまだここに訪れてはいないけれども、現在の現実世界から地続きにつながった現実の未来世界であると言える。それはちょうど、現在の現実世界から地続きにつながった歴史的過去が現実の過去世界であるのと同様である（「現実」は「現在」と同一ではない）。

次に「動作起点が100億年後」（実在視点）である。このような「動作起点」は、実際には存在し得ない。なぜなら、我々はさきほど、100億年後には人間のような知覚存在が宇宙からすべて絶滅していると仮定したからである。もし仮に人間のような知覚存在が宇宙に存在しなくなったとしても、恒星や銀河団たちは宇宙に存在し続けているだろうと考えてもよい。したがってそこに「存在物」はあると考えてもよい。しかしその「存在物」たちを「これ」として指示する「動作起点」が、宇宙には存在しなくなっているのである。したがって、「動作起点が100億年後」として設定された宇宙において「動作起点」が絶滅していたとしたら、その宇宙においては、「存在物」はあるかもしれないが「現実」はないということにならざるを得ないのである。この考え方は、「存在」と「現実」を同一のものとして捉える考え方に、真っ向から対立するものである。「なにかがある」ことと、「なにかが現実である」こととは、まったくの別物なのである（そしてこれは、現実世界の存在物のあり方と、可能世界の存在物のあり方が異なっていることとは、まったく別の異なり方である）。このことから、たとえ「可能世界」の存在を仮定せずとも、「存在」の外延のほうが「現実」よりも広く、「現実」の外延のほうが「経験」よりも広いことが帰結する。この意味で森岡の立場は一般的な意味での現実主義ではないことになる。

それでは、ここで、もっと身近な状況の問題設定をしてみる。「私」の死後に「現実」はあるだろうか？　この問いにどう答えればいいのだろう。

まずは「起点視点」で考えてみよう。「私」を「動作起点」として指示された世界と地続きでつながった未来の世界は「現実」の未来世界である。したがって、もし「私」の死後にも未来世界は広がって存在していると仮定するならば、「私」を「動作起点」として地続きでつながっている「私」の死後の未来世界は現実の未来世界である。この意味では「私」の死後に「現実」はある。

それでは次に「実在視点」で考えてみよう。「動作起点」が「私」の死後の未来世界であるとして設定された場合、その未来世界に「現実」はあるのだろうか。

この問いに答えるためには、「私」をどのようなものとして捉えるかを明確にしておく必要がある。もし「私」を「独在的存在者」として捉えるならば、「私」の死後すなわち「独在的存在者」の消滅後には「動作起点」は存在し得ないから、「動作起点」が「私」の死後の未来世界であるとして設定された場合は、そこに「現実」はないことになる。「私」の死後に「存在物」はあるかもしれないが、「現実」はないのである。

しかしこの「独在的存在者」が具体的に誰であるかを固有人名で指示することはできない。「独在的存在者」はこの文章を読んでいるあなたである、というふうにして、二人称によって確定指示するしかない。その指示はそのつど新たに行なわれるから、指示が行なわれる時点というものを確定することもまたできない。指示されるのが具体的に誰なのか、具体的にいつ指示されるのかを確定することはできない。したがって、「独在的存在者」がいつ消滅するのかもまた具体的に指示することはできず、世界から「現実」がいつ消滅するのかもまた具体的に確定することはできない。

だがこのことは、さきほどの100億年後の思考実験とは矛盾しない。その思考実験においては知覚存在の絶滅が前提されているのであるから、その前提にしたがって、「動作起点」が100億年後として設定された世界での「現実」の消滅を結論することができる。

それでは、「私」の死後の「現実」についての問いを、あえて固有人名を用いて問うてみるとどうなるだろうか。たとえば、森岡の死後に「現実」はあるだろうか。これに対しては「森岡」とは誰かをめぐっていくつかの枝分かれする答えが導かれる。それらのうちから、ひとつだけ取り出して検討しておきたい。それは、「森岡にとっての「現実」は、森岡の死後に消滅する」という答え方である。この答え方は、たとえば「山田にとっての「現実」は、森岡の死後には消滅しないが、森岡にとっての「現実」は、森岡の死後に消滅する」という命題を内包している。このような「現実」の捉え方は、我々がこれまで議論してきた「現実性」の次元とはまったく異なるものである。すなわち、いま述べた命題は、「山田にとっての「現実」」と「森岡にとっての「現実」」という2つの異なった「現実」があり、森岡の死によって、一方の「現実」は消滅するが他方の「現実」は消滅しないと主張しているのである。これは、我々がこれまで前提してきた考え方、すなわち「現実」はひとつしかないという考え方と矛盾する。したがって、「森岡にとっての「現実」は、森岡の死後に消滅する」という答え方は、その全体が端的に誤りであることになる。よって、固有人名「にとっての現実」という語り方は、「現実性」の問題を頽落させたものであると言わざるを得ない。

ここで「起点視点」と「実在視点」の2つについてさらに考えてみたい。「起点視点」においては、独在的存在者による「これ」という指差しによって「現実世界」が時間的・空間的に開かれていく。ところが、現在時点とは別の時刻に設定された「実在視点」においては、独在的存在者による「これ」という指差しが行なわれ得ないから、そこから「現実世界」が時間的・空間的に開かれていくということがない。これは「実在視点」の時刻において人間のような知覚主体が存在しようがしまいが関係なく成り立つ。すなわち、「起点視点」には「これ」の指差しにともなう「現実世界の開け」があるが、「実在視点」にはその「現実世界の開け」がない。これが決定的な違いである。ただし「実在視点」であっても、そこから「存在物」の世界が広がっていることはあり得る。「現実世界の開け」はなくても「存在世界の開け」はあり得る。

このような考え方に対して、「実在視点」とは反事実的な「起点視点」のことではないかという反論がなされるかもしれない。すなわち、もし「私」が100億年後に存在していたとしたら、そのときに「私」が立っているであろう視点のことを「実在視点」と呼んでいるだけであろうというのである。そしてもし「私」が100億年後に存在していたとしたら、そのときに「私」の身体を「動作起点」として「これ」と指差されるであろう世界が「100億年後の現実世界」であるというのである。

しかしこの考え方は間違っている。というのは、そもそも「反事実的な「起点視点」というものはあり得ないからである。「起点視点」においては、独在的存在者による「これ」という指差しが行なわれるのだが、その行為はけっして「反事実」的なものにはなり得ない。なぜなら、100億年後の誰かによる指差しは、たとえその指差しが「これ」という言葉を発してなされていたとしても、それが独在的存在者による「これ」という指差しとして概念化されることはあり得ないからである。なぜなら、独在的存在者は「いま」「ここ」にしかいないからである（「独在今在此在的存在者」）。いまから100億年後に独在的存在者がいることはあり得ない（これはその時点がもっと近くても同じであって、たとえば「いまから1分後」であっても、「いまから」という相対的時間指定によってなされたその想定時に独在的存在者がいることはあり得ない）。

別の言い方をすると、反事実的な修飾を強制的に受けたとたんに、独在的存在者の「独在性」は消滅してしまい、「動作起点」から開ける「現実世界」の「現実性」が消滅してしまうのである。反事実的な強制修飾を受けた「起点視点」は、「起点視点」の抜け殻でしかない。したがって、「反事実的な「起点視点」というものは、「起点視点」でもなんでもない。それにはまったく別の名称を与えなくてはならない。そしてその別名称が「実在視点」だったのである。反事実的な修飾を受けるたびごとに、その修飾をすり抜けて外部に抜け出してしまうものこそが、「現実性」であり「独在性」である。したがって、「起点視点」と「実在視点」を反事実性によって結びつけようとするのは間違いである。

この考え方に対して、可能世界論の側からも反論が出されるであろう。というのも、100億年後の「実在視点」から開けてくる「存在世界」とは、100億年が経過したら現実になることが可能な世界であるから、それはまさに「可能世界」のことではないかというのである。しかしこれもまた間違っている。入不二も言うように、「可能世界」とは、「可能性」「必然性」によって織り成される様相のネットワークのなかで成立する世界である。これに対して「現実世界」はそのような様相のネットワークからは孤立しており、言うならば「無様相」である。したがって、「可能世界」が「現実世界」に「なる」ということは起きない。起きるのは「現実の未来」が「現実の現在」に「なる」ことのみである。「実在視点」から開ける100億年後の「存在世界」の内容物は、「起点視点」から開ける100億年後の「現実世界」の内容物と同じである。違うのは、「現実世界」においては「起点視点」によって与えられる「これ性」があるのに対し、「存在世界」においてはそれがないという一点である。そしてこの違いは、「現実」か「可能」かの違いではなく、「これ性」があるかないかの違いである。よって、100億年後の「存在世界」は「可能世界」であるという考え方は間違っている。

では100億年が経過したときに、「実在視点」から開けている「存在世界」はどうなるのだろうか。この点について森岡はまだクリアーな答えを得ていないが、おそらくその「存在世界」は「現実世界」の一部である「経験世界」とぴったりと重なり合うことになると考えられる。「なる」のではなく「重なり合う」のである。そしてさらに時間が経てば、その重なり合いは解消されるであろう。この事態は、「実在視点」が100億年後でなく、1分後という想定であっても成り立つはずである。ここではなかなか複雑なことが起きていそうなので、そのテーマが議論される後続刊でさらに考えてみたい。

以上のように考えるとすれば、「実在視点」から開けている「存在世界」は「現実」ではないが、かといって「可能」でもないことになる。「実在視点」から開けている「存在世界」は、様相のネットワークから孤立しつつ、さらに「現実」からもかけ離れているという特異なあり方をしている。この特異なあり方のことを「没現実」と呼ぶことにしよう。すなわち、「可能」か「必然」かという次元を離れたうえで、さらに「現実」か「非現実」かという次元も離れているので、「没」現実と呼ぶのである。

ここにおいて、森岡の考え方は入不二と袂を分かつことになりそうである。というのも、入不二にとって「現実」とは「それが全てでそれしかない」ものであるが、森岡の言う「実在視点」から開けている「存在世界」は「没現実」であり、「現実」のさらに外部にあるものである。したがって「現実」とはけっして「それが全てでそれしかない」ものではない。「現実」には「没現実」という外部があり、「現実」はそれを取り込めないのである。したがって入不二の言う「現実性こそ神だ」もミスリーディングであり、神に値するものがあるとすればそれは「経験世界」「現実世界」「存在世界」の3つを含み込んだ統合世界あるいはその統合世界を統合させている「統合性」であると言わなければならないであろう。

ふたたび「現実性」の話題に戻って付加しておくと、森岡は「動作起点」からなされる指差しの行為に着目して「これ性」を語った。しかしこれは「これ性」の一側面のみに着目しているとも言える。というのも「これ性 haecceity」のもうひとつの側面として、外部から「これ性」が与えられるというものがあるからである。すなわち、指差しの行為は行為者が世界に向かって能動的に行なう行為であり、それによって「これ性」の一面が明らかになるのだが、それと同時に、世界の外部から世界へと降ってきて与えられる「これ性」というものが考えられるのであり、それによって「これ性」のもう一面が明らかになるからである。それは「外部性」であり「他者性」であり「宗教性」であるとも言えるだろう。「これ性」の持つこの二面、すなわち「動作起点」と「外部性」についてもまた後続刊で議論される。「動作起点」については、世界に向かって指差しを行なう独在的存在者が、二人称的な指差しによって世界の側から逆に確定指示されるという、不思議な循環構造に取り込まれている。ここに見え隠れしている四肢構造的なものを解明したい。また、本書では扱われることがほとんどなかったが、「経験世界」に横溢しているものとしての「生命」も注目に値する。時間の流れや身体のあり方に充ち満ちている「生命」的なものが、「独在性」とどう絡んでいるのかを見定めなくてはならない。「独在性」はフッサール的な現象学と別次元なわけではなく、実は深く切り結んでいると考えるべきだろう。

入不二の運命論の哲学をたんねんに吟味することで、このような論点が浮かび上がってきた。入不二の哲学は実に豊穣である。「存在」と「現実」をめぐる以上の論点は、これまでにこのような形で提出されたことはあまりないのかもしれない。今後、先行研究を調査したうえで、さらに考察を続け、新しい地平を開いていこうと考えている。

過去

第5章

再応答——あとがきに代えて

入不二基義

森岡に伴走思考してもらうことによって、自分一人で考えていたときには、「ここまで（でいいだろう）」と打ち切っていたその線を越えて、もう一歩だけ先まで進むことができた。この「もう一歩だけ先」という感覚は、体力の限界まで「追い込む」トレーニングをするときに、一人でやるよりも仲間と一緒にやって追い込みをかけた方が、より「追い込む」ことができて、限界を突破できるときの「あの感覚」に似ている。「あとがき」らしい「あとがき」ではなくなってしまうが、ここでもまた、第４章の森岡のコメントを受けて、もう少しだけ自分の思考を「追い込んで」おきたい。

1　「無でさえない未来」と「無関係性」

たしかに、「無でさえない未来」という概念には、森岡が指摘するような問題点が含まれているように見える。すなわち、「本来言いたかったことは、言えているとも、言えてないとも言えない」という或る種の極限的な「言えなさ」の問題である。この問題は、「未来」という時間固有の問題というよりも、ことば・概念・思考とそれを超える何かとの間で生じる（無）関係性という一般的な問題である。一般的であるからこそ、森岡もこう表現している。

私たちから完全に切り離されたものを私たちが言い取ろうとするときに、この種の難問がかならず起きてくる。いくつかの例をあげておこう。（２０８頁）

この一般的な問題を、私は相関概念（対概念）とその外部（その手前）という問題として捉えている。相関概念（対概念）の例が、有と無であり、内在と超越であり、経験と物自体である。そして「無でさえない」は、「有と無」という相関概念（対概念）の外部（手前）を言い表そうとしている。しかし、森岡の指摘・疑問によれば、「その外部（手前）」と言ったところで、それもまた、相関概念（対概念）の内に回収されてしまうか、あるいはその回収自体を否定し続ける「無限に後退していく運動そのもの」となるかしかないのではないか、ということになる。回収にしても無限後退にしても、どちらの方向を選ぶとしても、言おうとしたこと（外部性・手前性）はそもそも言えていないことになるし、「それは言えていない」と言ったところで、何が言えていないのかも言えていないことになる。

私は、このアポリアには、以下に述べるような「抜け道」があると考えている。

「無でさえない」は、（見かけに反して）否定を繰り返し重ねていくことでもないし、二回否定して肯定に戻ること（二重否定＝肯定）でもない（と私は考えている）。「否定を繰り返し重ねていく」ように見えてしまうことが、「無限に後退していく運動そのもの」という（レヴィナス的な）方向に相当し、「二回否定することで肯定に戻る」ように見えてしまうことが、「相関概念（対概念）の内に回収されてしまう」という方向に相当するだろう。しかし、当の「無でさえない」の働き方が、否定の重畳でもなく、また否定に相関する（対的な）肯定でもなく、むしろ「絶対的な（ということは無関係的な）肯定」であるとしたら、どうだろうか。少なくとも、どちらか（回収か無限後退か）の方向を選ばなくてはならない状況（アポリア）からは、離脱できるように思われる。では、「無でさえない」の働き方が、「絶対的な（無関係的な）肯定」であるとはどのようなことか？

私は「無関係という関係」と題したエッセイで、(1)関係と(2)切断的な無関係と(3)端的な無関係の三者の絡み合いについて考察したことがある[*1]。「酒を飲む人」の視線のもとで「酒を飲まない人」が「（楽しみの）欠如」として位置づけられるならば、それは両者の「関係」に相当する。一方、「酒を飲まない人」は、その不当な位置づけ（＝欠如）に対して異議申し立てをして、その視線から逃れる（関係を切断する）ことができる。たとえば次のように。「酒を飲まない自分にとって、「酒を飲まない」ことは「欠如」でもなんでもなく、酒など焦点になることすらない。自分は酒飲みの視線とは無関係なので、巻き込まないで（関係を迫らないで）もらいたい。ほっとけよ！」と。これは、「切断的な無関係」に相当する。しかしそもそもは、そのような異議申し立て（関係の切断）すら不必要なほどに、すなわち「放っておく」という関係性すら生じないほどに、酒飲み（の世界）と非－酒飲み（の世界）とは「端的に無関係」なのである。いわば、両世界とも無関係的に自足・充足しているだけの即自態である。その端的な無関係（それぞれの即自態）こそが「そもそも」なのであって、関係や切断的な無関係によって「汚染」されてしまうのは、「あとから」にすぎない。たとえ、認識の順序はその逆（無関係性が「あとから」気づかれる）としても、存在論的には（＝唯々そうであるという水準では）「無関係」のほうがデフォルトである。また、酒飲みと非－酒飲みが同席する場面では、「寛容」や「マナー」という対処法は有効ではあるが、それはデフォルトの「無関係」からはすでに転落していて、「関係」と「切断」のあいだでの調整（という関係）にすぎない。

＊1　『足の裏に影はあるか？ないか？　哲学随想』（朝日出版社）、38～42頁。

「絶対的な肯定」とは、この「端的に無関係的な即自態」のことである。「酒を飲まない人」「非－酒飲み」は、その表記に反して「否定」ではなくて、また「酒飲みと相関・並立するもう一つの肯定」でもなくて、そもそもは「絶対的な肯定」である。

それと同様に、「無でさえない未来」もまた、「否定の重畳」ではなくて、かといって「二重否定＝肯定」なのでもなくて、「端的に無関係的な即自態としての未来」＝「絶対的な肯定」である。「無でさえない未来」という概念は、現在と未来との「端的な無関係性」を表しているのであって、「無からの創造」のような始源（原－素材）としての「無」を表してはいない。というのも、「無からの創造」の「無」は、むしろ創造との「関係」の内に入っているからである。

もちろん、「端的な無関係性」自体もまた、（切断としての無関係性へと転落してしまうことによって）「言えない」。しかし、その「言えなさ」は、「（未来は）それをいま把握している私たちから無限に遠くへと離れていなければならない」ゆえの「言えなさ」とは違うし、「無限の距離が有限によって汚染されて、無限の純粋さが保てない」ゆえの「言えなさ」とも違う。むしろ、有限に離れていることも、無限に離れていることも、どちらも「離れている（距離）」という「関係」であることに注意しよう。そのような（有限であれ無限であれ）関係が一切無いこと（無関係）が、そもそもの未来なのである。にもかかわらず、そこから関係の水準へ転落して、端的な無関係もまた「無関係という関係」になってしまう。無関係という関係性は「言える」のに対して、端的な無関係性は「言えない」[*2]それは、「距離」が（遠いのでも近いのでもなく）そもそも問題にさえならないからである。

＊2　関係としての有限と無限とは、有限と無際限に相当する。「端的に無関係であること」は、（無際限とは別の）実無限に相当すると考えることもできる。その場合には、「切断としての無関係」：「端的な無関係」＝「無際限」：「実無限」である。

そのような「言えなさ」は、アポリアであるどころか、むしろ「端的な無関係性」にとっては好ましいことである。なぜならば、極限的な仕方で「言えない」ということは、（言っているかのように見えても）実は「言っていない」ということであり、「言っていない」という不作為（無為）のほうが、うまく「言える」ことよりも、そもそもの「端的な無関係性」により近いからである。「不作為（無為）」も「無関係性」も字面に反して否定形ではないことに注意しよう。すなわち、「失敗」し続けることがそのまま「成功」の徴《しるし》であって、「転落」し続けることがそのまま「高さの保持」でもあるような事態が、ここには出来している。

「無でさえない未来」という概念は、そのように「言えない」ことによって、無関係性を保持できる。

「われわれ（現在）」と「無でさえない未来」は、「酒飲み」と「非-酒飲み」の場合と同様に、充実と欠如の関係にあるのでもないし、相関的な並立の関係にあるのでもない。そもそも端的に無関係なのである。しかし、「無でさえない未来」という概念は、一般的な「無関係性」の一例になっているだけではなく、時間上の無関係性という問題を含んでいる。無関係性が、時間上の無関係性であるというのは、どういうことだろうか？

「酒飲み」と「非-酒飲み」の無関係性自体は、特に時間上のものではない。時間上での無関係性を考えるならば、無関係な即自態どうしの間に無関係的なジャンプ（変貌・変容）を考えることになる。すなわち、「非-酒飲み」は「大酒飲み」へと変貌・変容するかもしれない。しかも、予想される筋道に従ってそのように変化するのでもないし、ふり返ってそうなった筋道を辿れるのでもなくて、ただ単にそうなるのである。いや正確に言えば、予想やふり返りや筋道をつけることはできるのだが、それはあくまでも「変容前」の視線による予想にすぎなかったり、「変容後」の視線によるふり返り（後付け）にすぎなかったり、両者を相関・並立させて筋道をつけること（俯瞰）であったり、どれも関係づけにしかならない。無関係的に自足・充足しているだけの即自態（非-酒飲み）から、それとは別の即自態（大酒飲み）への無関係的なジャンプとしての変貌・変容は、ただ端的にそうなるのみであって、「関係づけ」はできない。「ケセラセラの運命論」が思い出される。

「なるようになる」とは、時間が、この種の（関係づけのあり得ない）無関係的なジャンプを含み込みながら推移することを表している。その無関係的なジャンプは、ある種の「無限の跳躍」ではあるけれども、（無限の距離があるから行きつかないのではなくて）ごく普通に、もっとも手前で（いつもすでに）起こっていて、すでに時間推移の内に含まれている。時間推移は、そのような無関係的なジャンプを含みつつ、それを塗りつぶすようにして（ベタに）進行する＊3。

＊3　このようなジャンプとしての変貌・変容を、『荘子』「胡蝶の夢」の中にも読み取ることができることを、中島隆博『『荘子』―鶏となって時を告げよ』（岩波書店、二〇〇九年）から学んだ。荘周と蝶について、以下のように述べられている。「（…）一方で、荘周が荘周として、蝶が蝶として、それぞれの区分された世界とその現在において、絶対的に自己充足的に存在し、他の立場に無関心でありながら、他方で、その性が変化し、その世界そのものが変容するという事態である。ここでは、「物化」は、一つの世界の中での事物の変化にとどまらず、この世界そのものもまた変化することでもある」（同書、155頁）。また、中島の「物化」論の優れた紹介・解説として、千葉雅也『意味がない無意味』（河出書房新社、二〇一八年）の「エチカですらなく」も参照。

相関概念（対概念）に対する「外部（手前）」は、相関概念（対概念）によっては到達できない「遠く」に位置しているから「言えない」のではない。むしろ、逆である。「ただ端的にそうであるし、そうなる」ことに含まれている無関係性によって、実はすでに「外部」に出ているのである。にもかかわらず、その端的な現実を、相関概念（対概念）の内に押し込もうとするから「言えない」だけである。その意味では、相関概念（対概念）の「外」こそが、むしろ現実の「内」であって、相関概念（対概念）の「内」こそが、むしろ現実の端的さの「外」なのである。そのように反転することによって、「言えない」ことはアポリアではなくて、むしろ「好ましい」ことへと反転する。

2 「忽然と湧き上がるいま」と「無関係性」

森岡が強調するとおり、時制の一つとしての「現在」と土俵として働く「いま」を区別することは、とても重要である。その点を認めたうえで、その異なる両者のあいだには、連動もまたあると私は考えている。その連動とは、「いま」が「現在」へと局在化される運動と、「現在」が「いま」へと全体化される運動を合わせた、両方向性の反復運動である。

「いま」の土俵自体が「忽然と湧き上がる」のだとすると、その「湧き上がる」前は、どうなっているのか？　それは「無」なのか？　あるいは「無でさえない」のような「なさ」なのか？それとも……。こういう方向へと疑問が進むときには、「いま」の「現在」化、すなわち「全体の局在化」が生じている(と私は考える)。「いま」の土俵という外のない全体であるはずの場が、前後（過去や未来）に挟まれた時制的な一部分へと転落する。「より前」が問われることと、「いま」の「現在」化（全体の局在化）が生じることとは、同じ一つのことである。そのような「全体の局在化」を反復しつつ、時間は推移する（と私は考える）。

もちろん、時間推移の内には、逆方向の運動（局在の全体化）の反復も含まれている。過去や未来に挟み撃ちされるような一部分としての「現在」は、瞬間へと局限されるとしても、まさにその瞬間の内でこそ、想起（過去）も予期（未来）も生じる。三時制への分割自体が、その一時制区分（現在）の内で生じる。つまり、一部分（瞬間）という局在が、全体を成立させる場となる。

結局、全体（いまの土俵）は局在化（瞬間化）するし、局在（瞬間）は全体化（土俵化）する。水平的な時間の推移の内には、そのような垂直的な反復が含まれている[*4]。この垂直的な反復の効果によって、「いま」の土俵の忽然性は、「全体の瞬間性」へとすり替わる。しかし、「忽然と湧き上がる」ことと「全体が瞬間に現れる」こととはほんとうは異なる。それは、「端的な無関係」と「無関係という関係」が異なるのと同じことである。どういうことか？

＊4　この事態は、順序数（0, 1, 2, 3, ...）の水平的な生成の内では、空集合を出発点とするオブジェクトレベルとメタレベルの垂直的な運動が働いていることに似ている（時間と数は親しい）。拙著『相対主義の極北』（ちくま学芸文庫）の第7章を参照。

「無関係」と言ってしまうと、関係の切断としての無関係（＝切断という関係＝無関係という関係）になってしまうが、そもそもの無関係（＝絶対的な肯定としての無関係）は、そういう「切断（無関係という関係）」ですらなくて、だからこそ決定的な「言えなさ」を伴う。そして、そのように「言えない」ことは、端的な無関係という事態に即した「好ましいこと」であった。

それと同様に、「全体の瞬間性」「全体が瞬間に現れること」は、すでに両方向の反復運動（全体⇅部分）の構造の内に、すなわち関係性の内に巻き込まれたうえでの無関係性の表現になっている。しかし、「土俵の忽然性」の「忽然」とは、そもそも「端的に無関係的に現れること（即自態）」である。「土俵」は、「より前」「より後」「現在（瞬間）」とは端的に無関係であることによってこそ「忽然」なのである。にもかかわらず、「忽然性」が「瞬間性」へとすり替わるのは、時間の内に含まれる垂直的な反復運動（全体⇅部分）に巻き込まれるからである。それは、

「無でさえない未来」が、時間の水平的な推移（ベタ性）の働きに巻き込まれることによって、端的な無関係性を失う（＝「有としての未来」や「無としての未来」へと変質する）のと同様である。時間が経過することの内には、端的に無関係的な水準でのジャンプと、その無関係性を消すこと（＝ベタな推移）の両方が含まれている。時間はそのような矛盾によって進行する。

それゆえ、時間経過の内では、忽然性を言おうとしても瞬間性になってしまって「言えない」。それは、「無でさえない未来」を言おうとしても、有としての未来や無としての未来になってしまって「言えない」ことと同様である。どちらの「言えなさ」も「端的な無関係性」にとってはアポリアではなく、むしろ「好ましい」ことである。未来にしても、いま（現在）にしても、その端的な無関係性は、「言えない」ことによって「実は言っていない」ことになり、その不作為（無為）ゆえに無関係性が保持できる。

3 「力」としての現実性

森岡は、九鬼周造と私の比較を明快に提示してくれた。そのおかげで、九鬼の様相論への理解が深まった気がする。『あるようにあり、なるようになる　運命論の運命』の中では、九鬼の様相論（偶然論）への私の言及は僅かなものだったので（第24章の註3参照）、森岡の助けを借りて、もう一歩だけ踏み込んでおこう。注目しておきたいのは、九鬼の様相論における「力動性」である。森岡は次のように述べている。

また九鬼は、「偶然性」の中に生産的な「力」を見ており、その「力」によって「偶然性」が「必然性」へと自己展開していくという動的な見取り図を提案している。これは「現実性」と「可能性」のあいだの果てしないせめぎ合いに真理を見ようとする入不二と似たような発想であると見ることもできる。（223頁）

私自身は、九鬼が想定している「動的変化のサイクル」（可能性・必然性・偶然性・不可能性の四者のあいだの循環）を駆動している「力」こそが、「現実性」に他ならないと考えたい。可能性の自己展開が必然性に至り、必然性が偶然性へと反転し、偶然性は不可能性へと接近し……という運動を貫く「力」は、四つの様相のどれでもないが、どの様相の内においても働いているし、四つの様相のすべてを貫通してもいる。九鬼は、その「力」の水準にこそ「現実性」を見出すべきだった、と私は改めて思う。様相の自己展開を駆動している「力」こそが、

「現に」というもっとも外側で透明に働く力に他ならない。だからこそ、「力」としての現実性はそもそも無様相でありながら、なおかつ可能的なものとしても、必然的なものとしても、偶然的なものとしても、不可能なものとしても、すなわちすべての様相を纏うものとしても、現れることができる。

「現に」という「力」としての現実性のことを、私は「絶対現実」と呼んだ。また、その遍在的に働く力に貫かれつつ、特定の内容を持つことによって認識されたり体験されたりする現実を「相対現実」と呼んだ（たとえば「現にソクラテスは哲学者である」は相対現実である）。さらに、「現にピアノを弾いている」という現前的な現実とは違って、「現にピアノを弾ける（その能力がある）」という現実は、潜在性を伴う現実である。「現に」という力は、その潜在と現前の両者を貫いて遍在的に働いているが、その「現れ方（形姿）」を変える。すなわち、能力は発揮され、潜在は顕在化する。それは、「現に」という力（絶対現実）が、潜在的に作動する姿から現前的に作動する姿へと、その現れ方（相対現実）を変化させることに等しい。「絶対現実」は、さまざまな「相対現実」として現れるし、さまざまな「相対現実」の間を変転する。

九鬼の「様相論」における「力動性」を、現実の現実性のことだと（いま私がそうしたように）考えてもよいならば、絶対現実（「現に」という力）は、内包間の変転を貫くだけでなく、様相間の変転をも貫いていることになる。

4　「このもの主義」を別様に考える

森岡は、「現実性」を「これ性」と同じものと考える「このもの主義」を（可能主義や現実主義と比較しながら）概説したうえで、「入不二の立場には「このもの主義」に近いものがある」「入不二において、「現実」は「これ性」と結びついていると考えられる」と述べている（238～239頁）。

たしかに、私は「現実性」を表現するために「これ」を多用している。しかし、「このもの主義」をどのような説として考えるかは、かなり開かれた論点であるし、私が「最終段階」として意図する「これ」[*5]は、必ずしも森岡が考える「このもの主義」とは一致しない。そこで、「このもの主義」について私なりに別様の仕方で考えておきたい。

＊5　森岡も引用している『〈私〉の哲学　を哲学する』（講談社）の拙論「無内包の現実」において、私は、「この」に三段階目を設定していて、しかも「現実（世界）を指示する」ではなく、「現実を表出する」と述べている。段階を踏むという点も、また指示ではなく表出である点も、

「これ（この）」には、内在性と外在性と、その反転が含まれているという、本稿での私の主張と関係している。しかし、当該箇所においては、その考え方を十分には展開できていなかった。意図する「最終段階」に至るためには、もう少し丁寧に考える必要があった。この第5章第4節で、それを試みる。

森岡がまとめてくれた三つの枠組みとしての「可能主義」「現実主義」「このもの主義」を、私なりに「これ（この）」の働き方の三つの水準と対応させてみよう。

可能主義……「これ（この）」の内在性が複数的に働く水準
現実主義……「これ（この）」の外在性が単数的に働く水準
このもの主義……両水準が交差・一致する水準

D・ルイス流の「可能主義」では、この世界が現実であるのは、そこに住んでいる私たちが、その内部から「この世界」と指標詞的に指示することによってである。別の世界に住んでいる別の者たちが、その世界の内部から自らの世界を「この世界」と指標詞的に指示するならば、彼らにとってはその世界が現実である。すなわち、指標詞的に働く「この」には、内在的に指し示す（自らの指示が自身に向かう）という側面と、その「内在性」が等価な仕方で複数ありうるという側面の両方が含まれている。「内在性が複数的に働く水準」とは、このことである。

「現実主義」は、「可能主義」とは違って、複数の可能世界（それぞれに指標詞的な現実性を持つ世界）の外側から、「唯一の現実世界」を指示するために「この世界」と言う。諸可能世界というシステムの外部で働く「現実性」は、事実の総体（真なる命題の集合体）が与える*6。「実際に……である（……であることは真である）」の総体が初発の現実であり、諸可能世界は後から構築される。すなわち、現実主義の「この」には、諸可能世界というシステムに外在的に働くという側面と、その働きは「唯一の真なる世界を指定する」という側面の両側面が含まれている。「外在性が単数的に働く水準」とは、このことである。

*6　私自身は、現実性と事実性の水準を区別し、現実性を事実性から引き離すので、事実性（真であること）によって現実性を与えようとする「現実主義」の考え方には組みしない。むしろ逆に、事実性は純粋な現実性の「影」のようなものだと考えている。拙論「事実性と様相の潰れと賭け」（日本記号学会セミオトポス13『賭博の記号論　賭ける・読む・考える』、二〇一八年、18～44頁）を参照。

それに対して、「このもの主義」の「この」は、どちらの「この」とも違うと同時に、どちらの「この」にも似ている。「このもの主義」の「この」は、二種の「この」の交差点のように働き、反対方向に働く二種の「この」が出会う（一致する）地点である、と言うことができる。どういうことか？

「このもの」の「この」は、（指示する主体の）近傍にある特定の個体を直接指示して選び出し、その個体指示の力が波及して、そのまま世界全体の現実性を一挙に開くように働く。現実の一部分（このもの）は、そのまま世界全体（この現実）を映し出している。

「このもの」の「この」は、ものの外側から働いて、その個体を（現実性を開く）唯一的なものにする。この点では、現実主義の「この」が「外側から働いて唯一の現実世界を指示する」ことに似ている。どちらにも、「外在性が単数的に働く水準」が含まれている。ただし、このもの主義の「この」が指示するのは、世界内の「もの」であるのに対して、現実主義の「この」が指示するのは、「世界」であるという点に違いがある。

また、「このもの」の「この」は、「もの」が住まう世界の内部から、その世界の現実性を開示する。また、「このもの」は（そのつど一つのものを指示するとしても）複数個の並立するものどもを指示することができる。この点では、可能主義の「この」が、私たちが住まう世界の内部から、その世界に指標詞的な現実性を与え、しかもそのような可能世界が等価な仕方で複数個ありうることに似ている。どちらにも、「内在性が複数的に働く水準」が含まれている。ただし、「このもの」の複数性は、唯一の現実世界内部での「もの」の複数性であるが、可能主義における複数性は、「世界」自体の複数性であるという点に違いがある。

　このように比較するならば、このもの主義の「この」においては、可能主義の「内在性が複数的に働く水準」と、現実主義の「外在性が単数的に働く水準」の両方が、交差して働いていることが分かる。このもの主義の「この」は、可能主義の「この」とも現実主義の「この」とも違うと同時に、どちらにも似ている[*7]。

*7　このもの主義の「このもの」は、反実仮想の諸文脈（あるいは可能世界）を纏いつつ、その中を貫通することによって「現実性」を示すのに対して、現実主義が考える「現実性」は、事実であること・真であることによって示されるという点にも、両者の違いを見ることができる。反事実的な文脈内を貫く固定性に「現実」を見るか、端的な事実性に「現実」を見るかの違いである。

さらに、このもの主義では、可能主義や現実主義以上に、「指示する主体」が顕わになる。

それは、「このもの」の「この」が、（指示する主体の）近傍にある特定の個体を直接指示して選び出すからである。言い換えれば、「このもの」という指示の背後（中心）では、「この私」が指示主体として働いている。

背後（中心）に控える「この私」という指示主体においても、すでに「内在性が複数的に働く水準」と「外在性が単数的に働く水準」が交差して働いている。「私」という指標詞には前者の水準が、「この」という指示形容詞には後者の水準が入り込んでいる。その合わせ技によって、「この私」は可能主義と現実主義が交差する背後（中心）としてすでに働いている。そして、「この私」のその二つの水準が、指示される側の「このもの」へも受け渡される。

「このもの」は、外在的にも内在的にも（＝世界内の局在的な現実としても、世界全体の現実性としても）捉えることができるし、唯一的にも複数的にも捉えることができる。それは、「この私」が指示の背後（中心）に存在して、その絶対性と相対性の両方が、世界へも伝播するからである。

この私　――　このもの　――　この世界

「この」は、「内在性が複数的に働く水準」と「外在性が単数的に働く水準」を撚り合わせ反転させながら、三者を貫いて働く。「この」の貫通は、現実の局所と全体が、「一つに重なっている」ことを表している。「この私」と「この世界」という両極の一致もまた、「この」の貫通の一局面である。

「このもの主義」をこのように解釈してもよいならば、「このもの主義」は、可能主義や現実主義と並ぶ第三の立場ではなくて、可能主義や現実主義を自らの一局面として含みつつ展開する「この」という力に関する教説となる。「この」を力（の展開）として考えるならば、「このX」の「X」が何であるかは重要ではない。「X」はおよそ何であってもいいのでなければならない。「X」は、「私」であろうと、「もの」であろうと、「世界」であろうと、何でもかまわない。私が註5に挙げた共著の中で、「この」は（「私」だけでなく）何にでも付くのでなければならないと述べたが、その真意は、この点にあった。

力として通底的に働く「この」という捉え方を受け入れてもらえるならば、私自身の現実性論も、「このもの主義」の一種であると捉えてもらってかまわない。ただし、「このもの主義」「このもの性」という呼称よりも、「もの」を消去した「これ主義」「これ性」という呼び方のほうが、より相応しいだろう（Xが何であるかとは無関係なので）。

5 「現実性」と「存在物」

森岡は、「これ性」を「指差しの運動」とその動作を起動する「身体全体」に紐付けることによって、「絶対現実」もまた「動作起点」から語られざるを得ないと考える。

一方、私は、4で述べたように「これ性」の内に反転や変転を含めるので、「これ性」自体が一枚岩ではないと考えている。その反転や変転の一局面としては、「これ」が「指差し動作」を起点とする場面があることは、もちろん私も否定しない（いや誰も否定しないだろう）。ただし、その場面（指差し）が「これ性」の全てではないし、初発の前提条件でさえないと考える点が、私と森岡の相違点である。

いやより正確に言うと、森岡自身の主張からもまた、私が「これ性」の反転・変転と見なすのと同じポイントを取り出すことができる（と私は考えている）。それが正しければ、私と森岡の距離は縮まる。

まず、次の点を確認しておきたい。「現に……である」や「このX」のように、「……」や「X」を伴って働いているとしても、「現に」の「現実性」や「この」の「これ性」自体は、特定の内容や領域や個物からは独立である。現実性・これ性は、無内包的に働く「力」だからである。私が別様に解釈した「このもの主義（これ主義）」によれば、そのような「力」が「この私　―　このもの　―　この世界」を貫通し循環している。

「指差しの運動」もまた、その「力」の一つの発現形態（表現）である。つまり、「指差し」は、その「力」の源泉（起点）ではなくて、むしろ中途における発現である。「現に」「これ」という力が、身体による指差しの運動をすでに充たしているからこそ、その力を（たとえば目の前の）個物へと受け渡すことができて、「このX」という指示が成立する。指差しの動作は、「これ性」の源泉（起点）ではなくて、むしろその「力」の受け渡しの中継地点である。「指差し」が「源泉（起点）」のように見えるのは、その局面を暫定的に切り出すからであり、その限定の中では、「指差し」を「源泉（起点）」として扱うこともできる。

私は、森岡とは逆向きに考えていることになる。森岡は、「指差しの運動」が、「これ性」や「絶対現実（を語ること）」のための前提条件であり、「指差し」が「これ性」を可能にすると考えている。しかし私は、「指差し」は「これ性」という力の媒体にすぎず、逆にその力（の伝播）こそが「指差しの運動」による指示を可能にしていると考えている。身体運動は、その「力」の表現として働くのであって、その「力」自身を生み出しはしない。

「絶対現実」を考えたり語ったりすることと「絶対現実それ自体」とを切り離そうとする

（入不二による？）反論を森岡は想定しているが、私自身は、「絶対現実」をカントの物自体のようには考えていない。むしろ、絶対現実と相対現実を、力とその発現形態（表現）のように考えているので、「絶対現実」を考えたり語ったりすること自体は、「指差し」と同様に、「絶対現実」という力の発現形態（表現）であると考えている。

しかしながら、私と森岡の差異は、それほど大きくはない（単純に逆向きなのではない）のかもしれない。そう考える根拠は、次のような森岡の記述にある。

「これ性」の真の「動作起点」となっているのは、この文章を読んでいるあなたが内側から生きている身体である。それこそが、この宇宙に唯一開いている「動作起点」である。（245頁、傍点は引用者）

森岡は「それ（引用者註：動作起点）は独在的存在者の身体だ」と答えることになるだろう。「独在的存在者」とは、「この宇宙の中にひとりだけ特殊な形で存在する者」という言葉によって指し示されるものであり、それは二人称によって確定指示される。（246頁、傍点は引用者）

この引用において、私が重要だと考える点は二つある。

一つは、「内側から生きている」ということは、指差しの動作を行う前から、身体はすでに「これ性」の力によって貫かれているという点である。「内側から生きている」ことにおいて、「これ」の内在性の水準がもっとも手前で作動している。ということは、「指差しの運動」を行う前から、内側から生きている身体が、そもそも「これ性」の力に貫かれていることになる。だからこそ、その身体自身の「これ性」を、「指差し運動」を通して、「このもの」へと受け渡すことができるのである。

このように考えるならば、「これ性」の起点は、「指差し運動」から「内側から生きている身体」の「内側性」へと、とりあえず移った（遡った）ことになる。「これ性」を可能にするように見えた「指差しの運動」自体が、「内側から生きている身体」の内在的な力によってこそ、可能になっている。

もう一つの重要な点は、「二人称性」である。ここでの「二人称性」とは、「内側から生きている」という「これ性」（のとりあえずの起点）が、「この文章を読んでいるあなた」という仕方で（『まんが 哲学入門』ではさらに「プギャー！」という仕方で）、外側からやってくる力により確定指示されることである。「おまえが、「これ」なのだ！」というわけである。この仕組みを考慮に入れると、「これ性」の起点は、「内側から生きている身体」からも、さらに遡ることになって、「これ」の内在性を確定指示する「外側の力」こそが起点だということになる。「起点」は、「指差し」から「生の内在性」へ、そして「生の内在性」からそれを確定指示する外側の力へと、次々と遡ることになる。

森岡は、第4章の最後部で、次のように述べている。

ふたたび「現実性」の話題に戻って付加しておくと、森岡は「動作起点」からなされる指差しの行為に着目して「これ性」を語った。しかしこれは「これ性」の一側面のみに着目しているとも言える。というのも「これ性 haecceity」のもうひとつの側面として、外部から「これ性」が与えられるというものがあるからである。（256頁）

森岡は、ここで付加された「外部性」を、「他者性」「宗教性」に繋げていく。それはそれで興味深いテーマであるが、ここではその手前で踏みとどまろう。それでもすでに、「内在性」と「外部性」は、「これ性」の成立の内で絡み合っている。言い換えれば、これ性の「力」の循環においては、「内在性」と「外部性」は反転しつつ繋がっている。「指差し運動」をとりあえずの起点にしている真の起点は、「内側から生きられている身体（独在的存在者）」であるけれども、さらにそれを確定指示しているのは「世界の側からの指差し（二人称性）」である。森岡自身も、「不思議な循環構造に取り込まれている」（257頁）と述べている。

ここまで来れば、私と森岡の差は縮まる。私は、「これ性」の内に、内在性と外在性の水準が撚り合わさって働く力を読み取っていたし、現実性・これ性の「力」は、「身体による指差しの運動」が発生させるのではなく、逆である（現実性・これ性の「力」が指差しの運動を駆動する）という点を強調した。これらの私の論点は、森岡における「起点性」と「二人称性（外部性）」と「循環構造」という論点（とその組み合わせ）と親和性を持つと思われる。

それでもなお、「現実」をどう考えるかについて、私と森岡の違いは残るだろう。森岡にとっては、「これ性」によって指示されるものが「現実」ということになるだろうが、私にとっては、「これ性」という力（の循環とそのつどの現れ方）自体が「現実」である。森岡は、「現実」を「もの」的に捉えているけれども、私は「現実」を「力」の作動として捉えている。そして、この点での私と森岡の違いは、「現実世界の開け」と「存在世界の開け」という森岡の最後の論点に繋がっていく。私の言い方で述べるならば、「現実性」と「存在物」の関係は、どうなっているのか？という問いに繋がっている。

森岡が考える「現実」は、動作起点から開けるものなので、動作起点がない世界を想定するならば、その世界には「存在物」はあっても「現実」はないことになる。つまり、「現実世界」は「存在（物の）世界」の部分集合ということになる。森岡自身は、この考え方を「「存在」と「現実」を同一のものとして捉える考え方に、真っ向から対立するものである」と述べている。

一方、私の考えは、森岡の考え方とも違うし、（森岡と）真っ向から対立する考え方とも違っている。というのも、そもそも「現実」を、「存在（物の）世界」や「経験世界」のような外延を持つ領域（世界）として捉えていないからである。「現実」は、「もの」や「世界」ではなくて、それらを貫いて働いている「現に」という「力」である、と私は考えている。「現に」という力自体は無内包であるから、私が考える「力としての現実」は、外延的な領域でないだけでなく、内包も持たない。したがって私は、森岡のように「現実世界」という捉え方をそもそもしないし、「現実の領域」と「存在物の領域」の外延の大きさを比較することもしない。「現に」という一番外側で透明に働く力は、「現に〔何かが存在する〕」「現に〔動作起点から開ける現実はない〕」「現に〔いっさいの存在物が存在しない〕」……のように一番外側で（ほんとうは透明に）働くので、むしろ「存在（物の）世界」を超え出て働くことになる。その意味においてであるが、森岡が「存在」＞「現実」＞「経験」という包含関係で考えているのに対して、私のほうは「現実」＞「存在」＞「経験」と考えていると対比しておくことができる。それが、「現実は外から働く力であり、現実には外がない」「それが全てでそれしかないのが現実である」ということである。

＊＊＊

思考しつつ書くこと、書きつつ思考すること、こんなに楽しい作業は他にはそうはない。まだまだ続けたいけれども、とりあえずここで中断しておこう。森岡さんが伴走思考してくれたおかげで、ここまで来ることができた。どうもありがとうございます。続きはまたいつか。

入不二基義

二〇一八年十二月末日

入不二基義は、一貫性のある哲学者である。哲学者の中には、時代によって書くことが異なっていたり、同時代であっても、書かれていることと語り口に違いがあったりする者がいる。が、入不二はどちらにも当てはまらない。

入不二の一連の著作はテーマが少しずつ繋がっている。そして、名著『あるようにあり、なるようになる　運命論の運命』で書かれたことと、それを解説して議論する場であったこの「現代哲学ラボ」で語られたことも、やはりしっかり繋がっている。

恐らく、だが、入不二の哲学の根底には、ある種の深い戸惑いがあるのではないだろうか。それは、常にどんな時でも入不二自身の思索を支えているのではないだろうか。過去に生じた経験が何らかの記憶として保持され、思い起こされるものとしてあるのではなく、常に入不二自身の身体的な感覚としてあるような形で。

そうしたある種の身体感覚は、その都度かなりの精度で図式化され、言語化され、著作として記録されていく。入不二の文体は華美なレトリックもなければ、文体が新たな問題を創り出すようなこともない。文はあくまでも自らの感覚を写し取るための道具であり、それらは、入不二自身が継続によって形成した作法に則って、常に一定の確度で表現される。ひょっとするとこれが、入不二の哲学が時に専門家の間で形容される「入不二ワールド」の正体なのではないだろうか。

第一回現代哲学ラボでは、この「入不二ワールド」を語りとして届けることを試みたわけであるが、読者は、その魅力と同時にちょっとした怖さも垣間見たはずだ。安易な二元論に留まることのない、多次元的な運命論の構造を浮き彫りにした入不二の作法は、超人的で、荘厳ですらあった。

入不二との対談を終えた日、森岡正博は、「興奮して夜中にうなされた」との私信を残している。「入不二ワールド」に完全に飲み込まれることなく、その魅力を最大限引き出すのは骨の折れる作業でもある。これは、対談の名手でもある森岡だからこそなし得たことで、この本を一冊の形にする原動力となった。電子版から書籍版への編集を引き継いでその力を支えてくださった明石書店の柴村登治さんに、ここで深く感謝したい。紙の本という、重さがあって手で触れられる形にしてくださって、ありがとうございます。

念のため、少し断っておくと、「入不二ワールドでうなされる感じ」、これは決して嫌な感じではない（と思う）。日常の些事に追われ、人間関係で生じたイザコザが頭の中で自動再生されることが誰しもあるだろう。あの時あんな風に言い返してやればどんなにすっきりしたことだろうと、何度も何度も同じ気分を味わうあの嫌な感じ。入不二の著作や語りには、そんな恨めしい気分から解放させてくれる力がある。表層的で、一時的で、他者に対して相対的な気分は、入不二自身が地道に形成してきた一貫した作法を前に雲散霧消する。その証拠に、この本の基となった電子版の書籍は、週末に良く動いた。

日曜の午後、月曜からの仕事を前に憂鬱な気分から逃れられない時があったら、またこの本を開いてみて欲しい。読み返すうちに、戸惑いを感じたり、思い出し笑いをしたりできるはずだ。そしてそんな時間を過ごしているのは、恐らくきっと、あなた一人ではないと思う。

田中さをり

◎読書案内

※比較的入手しやすく、日本語で読めるものに限った。

『あるようにあり、なるようになる　運命論の運命』で紹介された運命、運命論に関するもの

- 国木田独歩「運命論者」（『運命』岩波文庫、一九五七年、所収）……①
- アリストテレス「命題論」（内山勝利、神崎繁、中畑正志編、『新版　アリストテレス全集第一巻』岩波書店、二〇一三年、所収）
- ソポクレス著、藤沢令夫訳『オイディプス王』岩波文庫、一九六七年……②
- ドニ・ディドロ著、王寺賢太、田口卓臣訳『運命論者ジャックとその主人』白水社、二〇〇六年……③

本文で言及・引用された文献、および本書を読むうえで参考になると思われる図書（登場順）

第1章

- 川端康成「末期の眼」（川西政明編『川端康成随筆集』岩波文庫、二〇一三年、所収）

第2章

- 西田幾多郎「場所」（上田閑照編『西田幾多郎哲学論集Ⅰ』岩波文庫、一九八七年、所収）

・ラプラス著、内井惣七訳『確率の哲学的試論』岩波文庫、一九九七年
・アリストテレス『自然学』(内山勝利、神崎繁、中畑正志編『新版　アリストテレス全集第四巻』)岩波書店、二〇一七年
・ソフォクレス『オイディプス王』(②に同じ)
・大森荘蔵『新視覚新論』東京大学出版会、一九八二年
・大森荘蔵『物と心』ちくま学芸文庫、二〇一五年
・森岡正博『まんが　哲学入門――生きるって何だろう?』講談社現代新書、二〇一三年
・カント著、石川文康訳『純粋理性批判(上・下)』筑摩書房、二〇一四年
・ソール・A・クリプキ著、八木沢敬、野家啓一訳『名指しと必然性』産業図書、一九八五年

……④

・湯田豊『ウパニシャッド――翻訳および解説』大東出版社、二〇〇〇年
・トマス・アクィナス著、山田晶訳『神学大全Ⅰ・Ⅱ』中公クラシックス、二〇一四年
・カンタン・メイヤスー著、千葉雅也、大橋完太郎、星野太訳『有限性の後で:偶然性の必然性に関する試論』人文書院、二〇一六年
・ジョン・エリス・マクタガート著、永井均訳・注解と論評『時間の非実在性』講談社学術文庫、二〇一七年
・ウィトゲンシュタイン著、野矢茂樹訳『論理哲学論考』岩波文庫、二〇〇三年

・九鬼周造『偶然性の問題』岩波文庫、二〇一二年……⑤

第3章　↓201頁参照

第4章
・九鬼周造『偶然性の問題』(⑤に同じ)
・デイヴィッド・ルイス著、出口康夫監訳、佐金武、小山虎、海田大輔、山口尚訳『世界の複数性について』名古屋大学出版会、二〇一六年
・デイビッド・ルイス著、吉満昭宏訳『反事実的条件法』勁草書房、二〇〇七年
・クリプキ『名指しと必然性』(④に同じ)
・ライプニッツ著、清水富雄、飯塚勝久、竹田篤司訳『モナドロジー　形而上学叙説』中公クラシックス、二〇〇五年
・永井均、入不二基義、上野修、青山拓央『〈私〉の哲学 を哲学する』講談社、二〇一〇年……⑥

第5章
・入不二基義『足の裏に影はあるか？　ないか？　哲学随想』朝日出版社、二〇〇九年

- 中島隆博『『荘氏』──鶏となって時を告げよ』岩波書店、二〇〇九年
- 千葉雅也「エチカですらなく」（『意味がない無意味』河出書房新社、二〇一八年、所収）
- 入不二基義『相対主義の極北』ちくま学芸文庫、二〇〇九年
- 永井均、入不二基義、上野修、青山拓央『〈私〉の哲学 を哲学する』（⑥に同じ）

運命を扱った文学作品

- 古川日出夫訳『平家物語』（『池澤夏樹個人編集　日本文学全集09』）河出書房新社、二〇一六年
- O・ヘンリ「運命の道」（大久保康雄訳『O・ヘンリ短編集(2)』新潮文庫、一九六九年
- 国木田独歩「運命」（①に同じ）
- ソポクレス『オイディプス王』（②に同じ）
- ドニ・ディドロ『運命論者ジャックとその主人』（③に同じ）

論理学の入門書

- 野矢茂樹『入門！　論理学』中公新書、二〇〇六年

分析哲学の入門書

- 青山拓央『分析哲学講義』ちくま新書、二〇一二年

プロフィール

入不二基義（いりふじ・もとよし）

一九五八年十一月十一日神奈川県生まれ。東京大学文学部哲学科卒。同大学院人文科学研究科博士課程単位取得。山口大学助教授を経て、現在、青山学院大学教育人間科学部心理学科教授（専攻は哲学）。著書に『あるようにあり、なるようになる』『相対主義の極北』『哲学の誤読』『時間は実在するか』など多数。趣味はレスリング。

森岡正博（もりおか・まさひろ）

一九五八年九月二十五日高知県生まれ。東京大学文学部倫理学科卒。同大学院人文科学研究科博士課程単位取得。博士（人間科学）。現在、早稲田大学人間科学部教授。哲学、倫理学、生命学を中心に、学術書からエッセイまで幅広い執筆活動を行なう。著書に『まんが哲学入門』、『無痛文明論』、『完全版　宗教なき時代を生きるために』など多数。

田中さをり（たなか・さをり）

千葉大学大学院で哲学と情報科学を専攻し、その後広報担当者として研究機関・出版社・大学に勤務。二〇〇九年より哲学者のインタビューをpodcastで配信し、二〇一一年～二〇一七年まで高校生からの哲学雑誌「哲楽」編集人を務める。著書に『哲学者に会いにゆこう』（ナカニシヤ出版、二〇一六、二〇一七）がある。

※イベント開催補助と電子書籍「現代哲学ラボ」の編集は哲楽編集部の田中さをり、俵邦昭が担当しました。

現代哲学ラボ・シリーズ　第1巻

運命論を哲学する

二〇一九年四月十二日　初版第一刷発行

著　者 —— 入不二基義
森岡正博

発行者 —— 大江道雅

発行所 —— 株式会社 明石書店
〒一〇一-〇〇二一　東京都千代田区外神田六-九-五
電　話　〇三-五八一八-一一七一
ＦＡＸ　〇三-五八一八-一一七四
振　替　〇〇一〇〇-七-二四五〇五
http://www.akashi.co.jp

印刷 —— モリモト印刷株式会社

製本 —— モリモト印刷株式会社

（定価はカバーに表示してあります）

ISBN 978-4-7503-4826-1